Liebe Kolleginnen und Kollegen,

die vorliegenden Kopiervorlagen für die Freiarbeit enthalten Übungen, die genau auf das Lehrwerk *Tous ensemble 3* zugeschnitten sind und durch einen Verweis auf die Seite im Schülerbuch gekennzeichnet sind.

Als Instrument der Differenzierung und Individualisierung des Unterrichts zielen sie darauf ab, die Schülerinnen und Schüler in die Lage zu versetzen, die jeweilige *Tâche* einer Lektion leichter und besser bewältigen zu können.

Ein abwechslungsreiches Übungsangebot mit unterschiedlichen Schwierigkeitsgraden und kooperativen Arbeitsformen bietet den Schülerinnen und Schülern die Möglichkeit, neben ihren sprachlichen Kompetenzen auch soziale Kompetenzen zu stärken. Dabei sollen vor allem das kooperative und selbstgesteuerte Lernen gefördert werden.
Als Grundprinzip aller Aufgaben gilt, dass die Schüler ihre Arbeitsergebnisse anhand der Kopiervorlage bzw. mit Hilfe der Lösungen bzw. Lösungsvorschläge miteinander vergleichen.

Neben bewährten Übungsformen wie Tandembögen, *domi-mots, la bonne carte,* Satzpuzzle, Partnerbögen und Spielen gibt es auch neue Übungstypen wie Frage-Antwort- und Dialog-Karten, die vor allem der Sprachaktivierung, der Förderung der Mündlichkeit und der Vorbereitung auf mündliche Prüfungen dienen.

Wir wünschen Ihnen viel Erfolg bei der Umsetzung der Vorschläge,

Ihr *Tous ensemble*-Team

Inhaltsverzeichnis **Seite**

Symbole

- Einzelarbeit
- Partnerarbeit
- Gruppenarbeit

1 Frage-Antwort-Karten – C'était comment, tes vacances? → SB S. 8, Nr. 1

1. *Schneidet die Karten auseinander und setzt euch gegenüber.*
2. *Führt einen Dialog und übertragt die Vorgaben ins Französische. **A** beginnt.*
3. *Tauscht am Ende die Karten und wiederholt das Gespräch.*

A	B
(1) Du fragst deine Freundin / deinen Freund, wie ihre / seine Ferien waren.	(1) [C'était comment, tes vacances?]
(2) [Super. Je suis allé(e) en Belgique avec mes parents.]	(2) Du sagst, dass sie super waren und dass du mit deinen Eltern nach Belgien gefahren bist.
(3) Du fragst, was sie gemacht haben.	(3) [Qu'est-ce que vous avez fait?]
(4) [Nous avons visité l'Atomium et le parcours de la BD à Bruxelles.]	(4) Du sagst, dass ihr in Brüssel das Atomium und den Comic-Rundgang besichtigt habt.

2 Frage-Antwort-Karten – Au-delà des frontières → SB S. 8, Nr. 1

1. *Schneidet die Karten auseinander und setzt euch gegenüber.*
2. *Führt einen Dialog. **A** beginnt, **B** antwortet und setzt das Gespräch fort.*
3. *Tauscht am Ende die Karten und wiederholt das Gespräch.*

A	B
(1) Où est-ce que tu es allé(e) en vacances?	(1) Je … en … dans …  .
(2) Et qu'est-ce que tu as fait dans les Alpes?	(2) J'ai fait …  . Et toi, tu es allé(e) où?
(3) Moi, je … à … en …  avec mes parents.	(3) Et qu'est-ce que vous avez fait?
(4) Nous sommes allé(e)s …  .	

3 Dialogkarten – C'est en Suisse ou en Belgique? → SB S. 9, Nr. 2

1. *Schneidet die Karten auseinander und legt sie auf einen Stapel.*
2. *Partner **A** zieht eine Karte. Partner **B** stellt passende Fragen, z. B.:*
   Qu'est-ce que c'est? – C'est où?
   C'est en Suisse ou en Belgique?
   C'est qui? – Il est suisse ou belge?
   *Partner **A** beantwortet diese.*
3. *Danach zieht Partner **B** eine Karte. Partner **A** stellt die passenden Fragen und Partner **B** antwortet usw.*

1 Domi-mots – Amis ou copains? → SB S. 10, Nr. 2

1. *Schneidet die Karten auseinander und mischt sie.*
2. *Verteilt die Karten gleichmäßig. Der Spieler mit der **Début-Karte** beginnt.*
3. *Wer das passende Satzende hat, legt die Karte an und liest den Satz laut vor. Danach wird das passende Wort an den nächsten Satz gelegt.*
4. *Das Spiel ist beendet, wenn die **Fin-Karte** gelegt wurde.*

Début	Moi, j'ai des copains à l'école et …	… au club de foot.	Avec les potes, …
… on fait la fête.	Quand j'ai un problème, …	… mes amis sont là.	Avec les amis, on discute …
… et on a confiance.	Je chatte beaucoup sur …	… les réseaux sociaux.	Les copains, …
… ce ne sont pas des très bons amis.	Les amis sont plus proches …	… que les copains.	Pour regarder un film, …
… j'invite mes amis.	Les amis, …	… ce sont des copains plus intimes.	**Fin**

2 Frage-Antwort-Karten – Tu peux m'aider? → SB S. 11, Nr. 4

1. *Schneidet die Karten auseinander und setzt euch gegenüber.*
2. *Führt einen Dialog. **A** beginnt.*
3. *Tauscht am Ende die Karten und wiederholt das Gespräch.*

A	B
(1) Je ne comprends pas les exercices de maths. Tu peux m'… ?	(1) Oui. On peut … les exercices ensemble. Et moi, je n'ai pas compris le texte en allemand. Tu peux m'… ?
(2) Si tu veux, on peut … le texte ensemble.	(2) Oui, d'accord. Tu … au … avec moi après? 
(3) Oui, c'est une bonne idée.	

3 La bonne carte – Il est triste → SB S. 12, Nr. 1

1. *Schneidet die Karten auseinander, mischt sie und legt sie verdeckt auf den Tisch.*
2. *Spielt zu zweit oder zu dritt. Nehmt abwechselnd zwei Karten.*
3. *Wenn du ein passendes Satz-Bild-Paar findest, kannst du es behalten und auf deinen Stapel legen.*
4. *Wer die meisten Paare findet, gewinnt.*

	Emma est fatiguée.		Emma est agressive.
	Emma est triste.		Emma est amoureuse.
	Emma est contente.	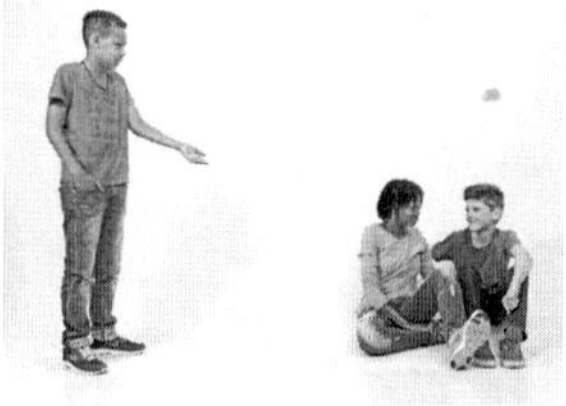	Farid est jaloux.
	Lina est contente et amoureuse.		Théo est amoureux.
	Farid est agressif.		Alex est triste.
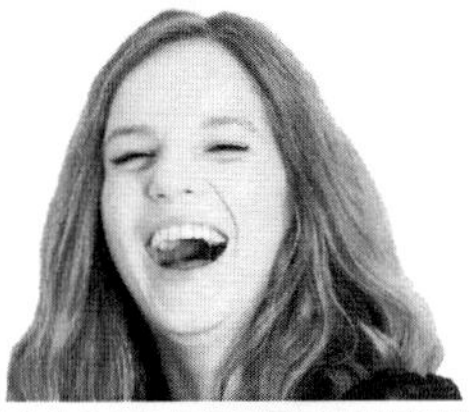	Manon a deux meilleures amies.		Jade a plus de 200 amis sur les réseaux sociaux.
	Nathan a un petit groupe de bons amis.		Chloé a surtout des copines.

4 Puzzle – Tu peux me faire confiance

→ SB S. 13–14, Nr. 2

1. *Schneide die Satzstreifen und die Bilder auseinander und bringe den Text in die richtige Reihenfolge.*
2. *Ordne die Bilder den entsprechenden Textteilen zu.*
3. *Vergleiche mit einem Partner, ob ihr die richtigen Lösungswörter habt.*

Alex raconte qu'il reçoit des SMS anonymes depuis la rentrée, mais il ne veut pas en parler.	F
Maintenant, Maxime commence à comprendre.	E
Lundi matin, les garçons de la classe sont devant le gymnase.	N
Jeudi matin, Alex reçoit encore un message anonyme. L'après-midi, il retrouve ses amis et leur raconte l'histoire des SMS anonymes.	I
Mardi, à la sortie du collège, Julie et Noémie retrouvent Maxime et Alex.	C
Enzo et Lucas disent des insultes sur Alex et lui envoient un petit texto.	C
Mercredi après-midi, Julie attend Alex après son cours de danse.	N
Les amis proposent à Alex de parler à un prof ou aux parents, mais il ne veut pas.	A
Julie propose d'aller au cinéma le soir, mais Alex ne veut pas.	O

U

E

S

L

Lösungswort 1: ....

Lösungswort 2: ....

5 Tandembogen – C'est du harcèlement → SB S. 15, Nr. 3

1. *Faltet den Bogen in der Mitte.*
2. *Übertragt abwechselnd die Sätze ins Französische.*
3. *Kontrolliert euch gegenseitig anhand der Lösungen in Klammern.*
4. *Tauscht die Rollen.*

A	B
Situation 1: Du erzählst, dass ein Freund von dir zurzeit ein wenig seltsam ist.	[Un de mes amis est un peu bizarre en ce moment.]
[Pourquoi?]	Du möchtest wissen, warum.
Du vermutest, dass er vielleicht verliebt ist oder Probleme mit seinen Eltern hat.	[Il est peut-être amoureux ou il a des problèmes avec ses parents.]
[Est-ce que ton ami a des problèmes au collège? C'est peut-être du harcèlement.]	Du fragst, ob der Freund Probleme in der Schule hat. Du vermutest, dass es sich um Mobbing handeln könnte.
Du fragst, wie man deinem Freund helfen kann.	[Comment est-ce qu'on peut aider mon ami?]
[D'abord, il faut lui parler.]	Du sagst, dass man zunächst mit ihm sprechen muss.

A	B
Situation 2: Du fragst deinen Freund, was los ist.	[Qu'est-ce qui ne va pas?]
[Je reçois des SMS anonymes.]	Du sagst, dass du anonyme SMS erhältst.
Du fragst, ob es jemand aus der Klasse ist.	[C'est quelqu'un de la classe?]
[Aucune idée.]	Du sagst, dass du keine Ahnung hast.
Du fragst, ob man darüber mit den Freunden reden sollte.	[On en parle aux copains?]
[Non, je ne veux pas.]	Du sagst, dass du das nicht möchtest.

6 Images – C'est quelle photo? → SB S. 15, Nr. 4

Tipp:
Beginne deine Beschreibung mit *Sur la photo, il y a …*

1. *Setzt euch gegenüber und schneidet die Bilder auseinander.*
2. *Legt die Bilder auf den Tisch.*
3. *Partner **A** sucht gedanklich ein Bild aus und beschreibt es so genau wie möglich.*
   *Partner **B** muss am Ende der Beschreibung herausfinden, welches Foto **A** beschrieben hat.*
4. *Tauscht anschließend die Rollen und beschreibt das nächste Bild usw.*

A

B

C

D

E

7 Mediationskarten – Ce n'est pas grave

→ SB S. 16, Nr. 5

1. *Schneidet die Kärtchen auseinander und legt sie verdeckt auf den Tisch.*
2. *Partner **A** zieht eine Karte und liest die Aufgabe Partner **B** vor.*
3. ***B** überträgt die Angaben ins Französische und **A** kontrolliert mithilfe der Lösung in Klammern.*
4. *Wird die Aufgabe richtig gelöst, darf der Spieler die Karte behalten und zieht die nächste Karte.*
5. *Gewonnen hat, wer am Schluss die meisten Karten besitzt.*

Wie fragst du einen Freund, was mit ihm los ist? [Qu'est-ce qui ne va pas?]	**Wie fragst du eine Freundin, ob sie sauer auf dich ist?** [Tu es fâchée contre moi?]	**Wie fragst du eine Freundin, ob etwas geklappt hat?** [Ça a marché?]	**Wie fragst du einen Freund, ob ihr mit den Freunden über eine bestimmte Sache sprechen wollt?** [On en parle aux copains?]
Wie fragst du eine Freundin, ob sie traurig ist? [Tu es triste?]	**Wie sagst du einem Freund, dass er dir vertrauen kann?** [Tu peux me faire confiance.]	**Wie sagst du einer Freundin, dass es dir leid tut?** [Je suis désolé(e).]	**Wie sagst du einem Freund, dass er mit dem Blödsinn aufhören soll?** [Arrête tes conneries.]
Wie sagst du, dass du etwas nicht mit Absicht getan hast? [Je n'ai pas fait exprès.]	**Wie sagst du, dass du in Ruhe gelassen werden willst?** [Laisse-moi!]	**Wie fragst du einen Freund, ob er verliebt ist?** [Tu es amoureux?]	**Wie sagst du, dass du etwas nicht schlimm findest?** [Ce n'est pas grave.]
Wie sagst du, dass du etwas nicht gesagt hast? [Je n'ai pas dit ça.]	**Wie sagst du, wenn dein Freund dir etwas zeigen soll?** [Fais voir.]	**Wie sagst du einem Freund, dass er etwas falsch verstanden hat?** [Tu as mal compris.]	**Wie sagst du, wenn du dich entschuldigen möchtest?** [Excuse-moi.]
Wie sagst du, wenn du jemanden als Angeber bezeichnen willst? [Quel frimeur!]	**Wie sagst du, wenn du denkst, dass etwas nicht wahr ist?** [Ce n'est pas vrai.]	**Wie sagst du einer Freundin, wenn du meinst, dass sie gar nichts versteht?** [Tu ne comprends rien.]	**Wie sagst du, dass du etwas für Mobbing hältst?** [C'est du harcèlement.]

8 Frage-Antwort-Karten – Ça ne fait rien → SB S.17, Nr. 8

1. *Schneidet die Karten auseinander und setzt euch gegenüber.*
2. *Führt einen Dialog und verwendet passende Verneinungen.* ***A*** *beginnt.*
3. *Tauscht am Ende die Karten und wiederholt das Gespräch.*

A	B
(1) Tu joues au … 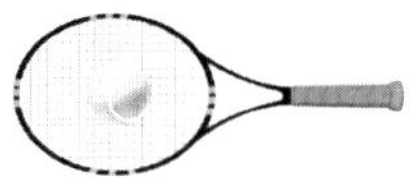 avec moi?	(1) Non, j'ai arrêté. Je ne …
(2) Ça … fait … On peut jouer au …  ce week-end?	(2) Non, je … peux … jouer. Je … ai … le temps.
(3) Alors, tu … as … envie d'aller au …  avec moi samedi?	(3) Mais si, le ciné, je veux bien.

9 Frage-Antwort-Karten – Je n'ai rien remarqué → SB S.17, Nr. 8

1. *Schneidet die Karten auseinander und setzt euch gegenüber.*
2. *Führt einen Dialog und verwendet passende Verneinungen.* ***A*** *beginnt.*
3. *Tauscht am Ende die Karten und wiederholt das Gespräch.*

A	B
(1) Qu'est-ce qui … va …?	(1) J'ai un problème. Je veux passer mes vacances avec mes copains. Je … veux … aller en vacances avec mes parents.
(2) Et tes parents? Ils sont d'accord?	(2) Je … sais … Je … ai … encore parlé avec mes parents.
(3) Est-ce que tes parents ont remarqué quelque chose?	(3) Non, ils … ont … remarqué.
(4) Et qu'est-ce tu vas faire maintenant?	(4) Je … sais …

10 Jeu de mimes – Laisse-moi! → SB S. 18, Nr. 9

1. *Schneidet die Karten auseinander und legt sie verdeckt auf den Tisch.*
2. ***A** nimmt eine Karte und macht pantomimisch vor, was auf der Karte steht. **B** muss die Handlung erraten, z. B.: **Laisse-moi!***
3. *Danach ist **B** an der Reihe.*

J'efface mes photos sur mon portable.	Je reste seul(e) dans mon coin.	Je suis malade.
Je suis en colère.	Arrête tes conneries!	Laisse-moi!
Ce n'est pas moi.	Je commence à comprendre.	J'écris un message.
Je suis désolé(e) pour le retard.	Je porte un tutu.	Excuse-moi.

11 Puzzle – Tu ne dis rien? → SB S. 18, Nr. 10

1. *Schneidet die Karten auseinander, mischt sie und legt sie sichtbar auf den Tisch.*
2. *Bildet richtige Sätze und ergänzt die korrekte Form von **dire**. Beginnt immer mit der grau unterlegten Karte.*

nos copains.	ne … rien	Nous	à
sur Alex.	Lucas et Enzo	des conneries	…
avez	vous	…?	Qu'est-ce que
à une copine.	…	Carla	des insultes
Pourquoi	est-ce que	… ça?	tu

12 Partnerbogen – Je lui achète un cadeau → SB S. 19, Nr. 12

1. *Partner **A** deckt den B-Teil und Partner **B** den A-Teil ab.*
2. ***A** nennt ein Feld im A-Teil und fragt **Qu'est-ce que tu achètes à ton copain / ta copine pour son anniversaire? B** beantwortet die Frage mit **Je lui achète ...** und nennt den Gegenstand, der sich in dem Feld im B-Teil befindet. **A** ergänzt den Satz **Je lui achète un / une ...** im A-Teil.*
3. *Danach nennt **B** ein leeres Feld im B-Teil und fragt. **A** antwortet und **B** ergänzt den Satz im B-Teil.*

A

	1	2	3
a		Je	
b	Je		Je ... .
c		Je	
d	Je		Je ... .

B

	1	2	3
a	Je		Je ... .
b		Je	
c	Je		Je ... .
d		Je	

13 Tandembogen – Je leur montre mon portable → SB S. 19, Nr. 12

1. *Faltet den Bogen in der Mitte.*
2. *Partner **A** stellt eine Frage. Partner **B** antwortet im ganzen Satz mithilfe der Stichwörter und stellt die nächste Frage usw.*
3. *Kontrolliert euch gegenseitig anhand der Lösungen in Klammern.*
4. *Tauscht die Rollen.*

A	B
Qu'est-ce que tu proposes à tes copains? [Je leur propose une balade à vélo.]	… une balade à vélo. 
… les exercices de maths. 	Qu'est-ce que tu expliques à ta copine? [Je lui explique les exercices de maths.]
Qu'est-ce que tu donnes à ton prof? [Je lui donne mon portable.]	… mon portable. 
… mes jeux vidéo. 	Qu'est-ce que tu montres à ton copain? [Je lui montre mes jeux vidéo.]
Qu'est-ce que tu envoies à tes potes? [Je leur envoie des textos.]	… des textos. 
… des histoires. 	Qu'est-ce que tu racontes à tes parents? [Je leur raconte des histoires.]

Name: Klasse: Datum:

14 Jeu – Fragekarten → SB S. 20

Für das Spiel braucht ihr einen Würfel, Spielfiguren und diese Spielkarten. Schneidet die Fragekarten aus und legt sie verdeckt auf den Tisch. Die Spielanleitung und den Spielplan findet ihr auf S. 59.

1. Noémie est triste? 	2. Lucie est agressive? 	3. Enzo est fatigué? 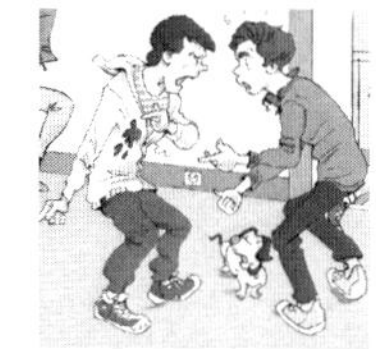
4. Zohra et Maxime sont courageux? 	5. Malika est jalouse? 	6. Que font Amélie et Benjamin? 
7. Complète: je dis, tu …, il / elle / on …, nous …, vous …, ils / elles …, j'ai …	8. En français: Was ist los mit dir?	9. Que font Zohra et Maxime? 
10. Je suis ton ami. Tu peux me faire …	11. Quand on reçoit des messages avec des insultes, c'est du …	12. Les amis sont plus … que les copains.
13. Qu'est-ce que Maxime achète à son copain? 	14. Qu'est-ce que la fille reçoit? 	15. Est-ce que la fille est contente? 

Lösungskarte für den Spielführer:

1. Non, elle est (super) contente.	2. Non, elle est triste.	3. Non, il est agressif.	4. Non, ils sont amoureux.	5. Non, elle est fatiguée.
6. Ils regardent les autres et discutent.	7. je dis, tu dis, il / elle / on dit, nous disons, vous dites, ils / elles disent, j'ai dit	8. Qu'est-ce qui ne va pas?	9. Ils dansent.	10. Tu peux me faire confiance.
11. C'est du harcèlement.	12. Les amis sont plus proches que les copains.	13. Il lui achète un DVD.	14. Elle reçoit un SMS / texto.	15. Non, elle est triste.

1 La bonne carte – Dans les Pyrénées → SB S. 30, Nr. 1

1. *Schneidet die Karten auseinander, mischt sie und legt sie verdeckt auf den Tisch.*
2. *Spielt zu zweit oder zu dritt. Nehmt abwechselnd zwei Karten.*
3. *Wenn du ein passendes Wort-Bild-Paar findest, kannst du es behalten und auf deinen Stapel legen.*
4. *Wer die meisten Paare findet, gewinnt.*

	le ski		le parapente
	l'escalade des cascades de glace		le scooter des neiges
	la randonnée en VTT		l'escalade
	le canyoning		le rafting
	le snowboard		un loup
	un ours		une marmotte
	un vautour		une montagne

2 Frage-Antwort-Karten – La montagne, c'est génial! → SB S. 31, Nr. 3

1. *Schneidet die Karten auseinander und setzt euch gegenüber.*
2. *Führt einen Dialog.* ***A*** *beginnt.*
3. *Tauscht am Ende die Karten und wiederholt das Gespräch.*

A

(1) Où se trouve Saint-Lary?

(2) En été, quelles activités est-ce qu'on peut faire à Saint-Lary?

(3) En hiver, qu'est-ce qu'on peut faire à Saint-Lary?

B

(1) Saint-Lary est un village dans les …

(2) En été, à Saint-Lary, on peut

faire …  , … 

et …  .

(3) En hiver, à Saint-Lary, on peut faire

…  , …  et …  .

3 Frage-Antwort-Karten – Un séjour dans les Pyrénées → SB S. 31, Nr. 4

1. *Schneidet die Karten auseinander und setzt euch gegenüber.*
2. *Führt einen Dialog.* ***A*** *beginnt.*
3. *Tauscht am Ende die Karten und wiederholt das Gespräch.*

A

(1) Je prépare un séjour dans les Pyrénées. Où est-ce que tu aimerais aller?

(2) Qu'est-ce que tu aimerais faire à Cauterets?

(3) Et qu'est-ce que tu aimerais faire en hiver à Cauterets?

B

(1) J'aimerais aller à … 

.

(2) J'aimerais faire …  .

Je voudrais aussi faire …  .

(3) J'aimerais faire …  et …  .

Name: Klasse: Datum: **2**

4 Tandembogen – Le motocross: que font les pilotes? → SB S. 32–33, Nr. 1

1. *Faltet den Bogen in der Mitte.*
2. *Partner **A** stellt eine Frage zum Bild. Partner **B** antwortet und stellt die nächste Frage usw.*
3. *Kontrolliert euch gegenseitig anhand der Lösungen in Klammern.*
4. *Tauscht die Rollen.*

A	B
Que fait le pilote n° 6? [Le pilote n° 6 essaie de démarrer.]	
	Que fait le pilote n° 5? [Le pilote n° 5 pousse sa moto.]
Que fait la pilote n° 25? [La pilote n° 25 saute sur une bosse.]	
	Que fait le pilote n° 2? [Le pilote n° 2 met le pied gauche sur sa moto.]
Que fait le pilote n° 48? [Le pilote n° 48 freine et son pied droit touche le sol.]	
	Que fait le pilote n° 32? [Le pilote n° 32 accélère.]
Que fait le pilote n° 8? [Le pilote n° 8 saute sur une bosse et accélère.]	
 	Que font les pilotes n° 1 et 4? [Les pilotes n° 1 et 4 prennent un virage.]
Que fait la pilote n° 10? [La pilote n° 10 enlève son casque.]	

Name: Klasse: Datum:

5 Images – C'est quelle photo? → SB S. 34–36, Nr. 2

1. *Setzt euch gegenüber und schneidet die Bilder aus.*
2. *Legt die Bilder auf den Tisch.*
3. *Partner **A** sucht gedanklich ein Bild aus, beschreibt es so genau wie möglich und sagt, was die Personen machen. Partner **B** muss am Ende der Beschreibung herausfinden, welches Foto **A** beschrieben hat.*
4. *Tauscht anschließend die Rollen und beschreibt das nächste Bild usw.*

Tipp:
Beginne deine Beschreibungen mit
Sur la photo, il y a / on voit / on peut voir …
A gauche / A droite / Dans le fond / Au milieu / Devant …
Il / Elle / Ils / Elles …

A

B

C

D

E

F

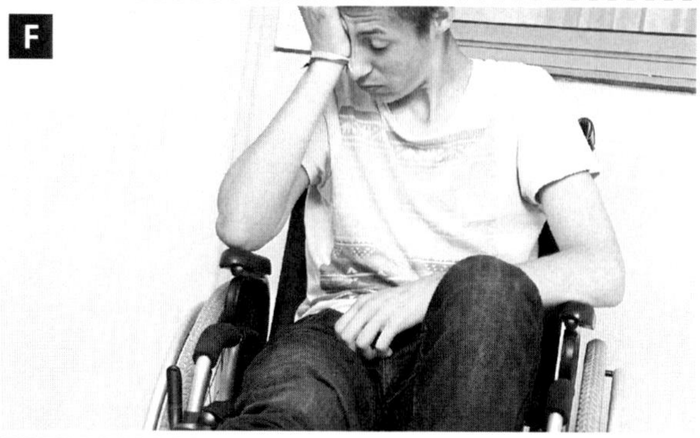

G

H

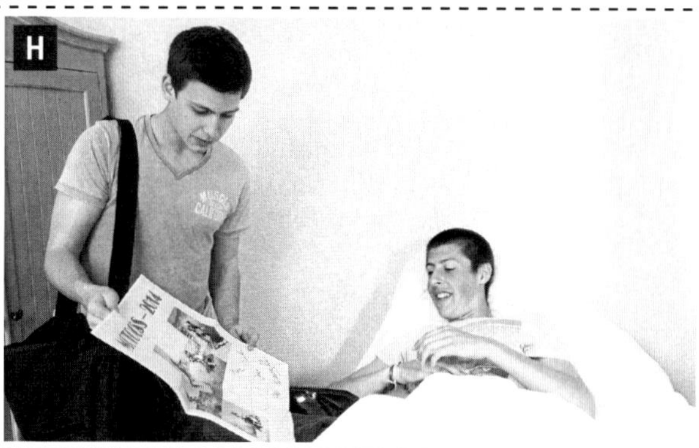

6 Puzzle – Stage de motocross → SB S. 37, Nr. 3

1. *Schneide die Satzstreifen auseinander und bringe den Text in die richtige Reihenfolge.*
2. *Vergleiche mit einem Partner, ob ihr das richtige Lösungswort habt.*

Le moniteur appelle le 112.	T
Enfin, ils roulent sur la piste.	E
Julien et Simon vont à l'hôpital pour voir Antoine. Ils lui donnent ses affaires et un poster.	E
Antoine et Julien sont à Tarbes dans les Pyrénées pour faire un stage de motocross.	A
Tout se passe bien. Mais à la fin du parcours, Antoine tombe bêtement.	N
Antoine doit aller à l'hôpital et passer une radio.	U
Le premier jour, ils apprennent à démarrer et à freiner.	V
Antoine a le pied cassé. Le médecin lui met un plâtre.	R

Lösungswort: UNE ____________________

7 Dialogkarten – Qu'est-ce qu'il raconte? → SB S. 37, Nr. 2

1. *Schneidet die Karten auseinander und legt sie auf einen Stapel.*
2. *Partner **A** zieht eine Karte. Partner **B** stellt eine passende Frage: **Qu'est-ce qu'il / elle dit / explique / raconte?***
   *Partner **A** beantwortet die Frage: **Il / Elle dit / explique / raconte que …***
3. *Danach zieht Partner **B** eine Karte. Partner **A** stellt die passenden Fragen und Partner **B** antwortet usw.*

A

B

C

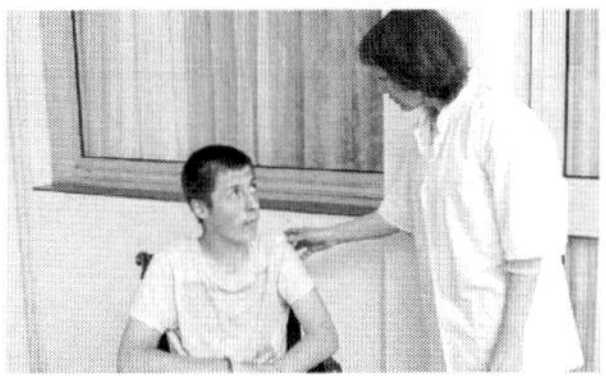

D

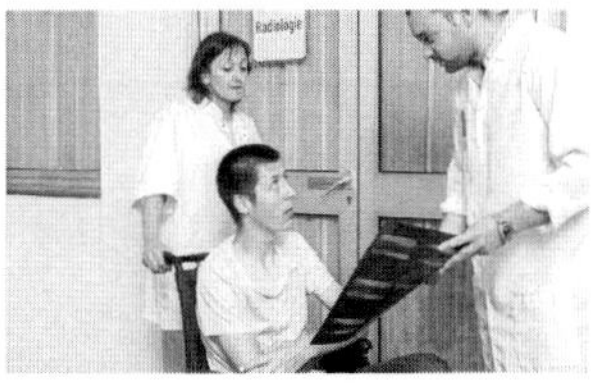

E

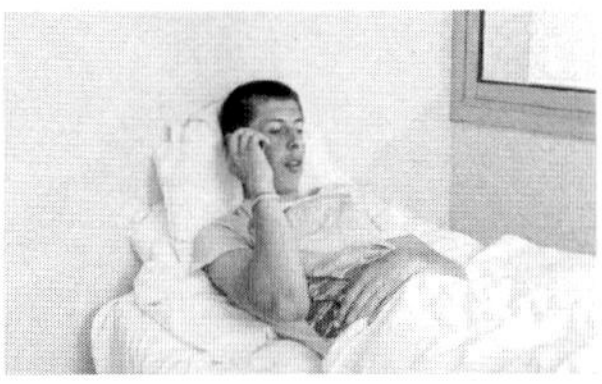

F

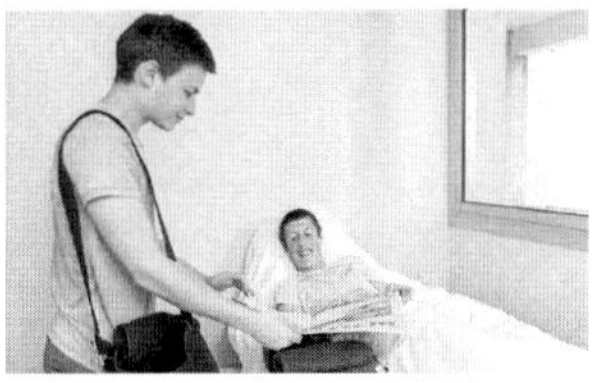

8 Tandembogen – Un bras cassé → SB S. 38, Nr. 5

1. *Faltet den Bogen in der Mitte.*
2. *Übertragt abwechselnd die Sätze ins Französische.*
3. *Kontrolliert euch gegenseitig anhand der Lösungen in Klammern.*
4. *Tauscht die Rollen.*

Situation 1: A l'hôpital	
A	**B**
Du begrüßt deine Freundin / deinen Freund und fragst, wie es ihr / ihm nach dem Skiunfall geht. 	[Salut, ça va après ton accident de ski?]
[On m'a fait une radio. J'ai le bras cassé.]	Du erwiderst, dass man dich geröntgt hat und du einen gebrochenen Arm hast.
Du fragst, ob sie / er einen Gips bekommen wird. 	[On va te mettre un plâtre?]
[Oui. J'ai le moral à zéro.]	Du bejahst es und sagst, dass du niedergeschlagen bist.
Du fragst nach der Telefonnummer ihrer / seiner Eltern und schlägst vor, ihnen eine SMS zu schicken.	[Tu peux me donner le numéro de téléphone de tes parents. Je vais leur envoyer un SMS.]

✂ -

Situation 2: Les parents appellent	
A	**B**
Die Eltern fragen, wie der Skiunfall passiert ist und bitten, es ihnen zu erzählen.	[Comment ça s'est passé? Tu nous racontes?]
[Je n'ai pas fait attention et j'ai fait une chute. Je vous envoie une photo de mon plâtre.]	Du erklärst, dass du nicht aufgepasst hast und hingefallen bist. Du schlägst vor, dass du ihnen ein Foto von deinem Gips schickst.
Die Mutter sagt, dass sie mit dem Arzt gesprochen hat. Sie / Er muss bis morgen bleiben und man wird ihm ein Rezept für die Apotheke geben.	[J'ai parlé au médecin. Tu dois rester jusqu'à demain. Et on va te donner une ordonnance pour la pharmacie.] 

9 Puzzle – Les codes de la route → SB S. 38, Nr. 6

1. *Schneidet die Karten auseinander, mischt sie und legt sie sichtbar auf den Tisch.*
2. *Bildet richtige Sätze und ergänzt die korrekte Form von* ***devoir****. Beginnt immer mit der grau unterlegten Karte.*
3. *Zeichnet danach selbst jeweils ein Verkehrsschild auf, denkt euch dazu einen passenden Satz aus und schreibt ihn in die vorgegebenen Felder.*

	....	à 30 km/h.	On	rouler
	à droite.	Les voitures	tourner	....
	Je	rouler	....	à 50 km/h.
	tout de suite.	....	Tu	freiner
	....	stopper [anhalten]	Nous	la voiture.
	à gauche.	Vous	aller	....

A toi:

10 Partnerbogen – Les monuments en Europe → SB S. 39, Nr. 7

1. *Schneidet den Bogen auseinander und setzt euch gegenüber.*
2. ***B** beginnt und stellt Fragen zu einem Denkmal. **A** antwortet. **B** trägt die Angaben in den grau unterlegten Kasten ein. Danach stellt **A** Fragen zu einem Denkmal, **B** antwortet und **A** notiert diese Informationen.*
3. *Am Ende legt ihr die Bögen nebeneinander und kontrolliert, ob die eingetragenen Angaben korrekt sind.*

Tipp:
Beginne deine Fragen und Antworten mit den folgenden Sätzen:
1. Quel est le nom de ce monument? – Ce monument s'appelle …
2. … est où? – Il/Elle est à/en … (ville/région)/en … (pays).
3. Quelle est la hauteur [Höhe] du/de la/de l' …? – … fait … mètres de hauteur.

A

nom: la tour Eiffel **où:** à Paris, en France **hauteur:** 324 m	**nom:** …… **où:** …… …… **hauteur:** ……	**nom:** le Pont du Gard **où:** en Provence, en France **hauteur:** 49 m	**nom:** …… **où:** …… …… **hauteur:** ……

B

nom: …… **où:** …… …… **hauteur:** ……	**nom:** la cathédrale de Cologne **où:** à Cologne, en Allemagne **hauteur:** 157 m	**nom:** …… **où:** …… …… **hauteur:** ……	**nom:** l'Atomium **où:** à Bruxelles, en Belgique **hauteur:** 102 m

Name: Klasse: Datum: **2**

11 Partnerbogen – C'est à toi ou à moi? → SB S. 40, Nr. 8

1. *Partner **A** deckt den B-Teil und Partner **B** den A-Teil ab.*
2. ***A** nennt ein auszufüllendes Feld im A-Teil. **B** liest den Satz, der sich in dem Feld im B-Teil befindet, vor. **A** ergänzt die fehlenden Wörter im A-Teil.*
3. *Danach nennt **B** ein leeres Feld im B-Teil. **A** liest den Satz in seinem Feld vor. **B** ergänzt die fehlenden Wörter im B-Teil usw.*
4. *Deckt die Teile auf und korrigiert eure Sätze.*

A

	1	2	3
a	J'ai envie de faire une balade à vélo **avec toi.**	Il y a une compétition de cross. Tu la regarde ....?	Et les garçons? Ils viennent **avec vous?**
b	Tes copines viennent ....?	Regarde, il y a un gros nuage de poussière	Non, ils ne viennent pas ....
c	Oh, non. C'est le stress **avec elles.**	Et là, il y a un virage **devant lui.**	Je suis fachée **contre eux.**

B

	1	2	3
a	J'ai envie de faire une balade à vélo	Il y a une compétition de cross. Tu la regarde **avec moi?**	Et les garçons? Ils viennent ....?
b	Tes copines viennent **avec nous?**	Regarde, il y a un gros nuage de poussière **derrière elle.**	Non, ils ne viennent pas **avec nous.**
c	Oh, non. C'est le stress	Et là, il y a un virage	Je suis fachée ....

 Name: Klasse: Datum:

Tipp:
Beginnt eure Sätze mit *d'abord, alors, enfin, puis, ensuite, après, tout à coup, mais, …*

12 Dialogkarten – Antoine au circuit → SB S. 40, Nr. 9

1. *Schneidet die Kärtchen auseinander und legt eine eigene Reihenfolge fest.*
2. *Erfindet mit Hilfe der Redemittel auf den Kärtchen eine Geschichte. Die Bilder helfen euch dabei. Partner* ***A*** *nimmt die erste Karte und beginnt.*
3. *Partner* ***B*** *nimmt nun die nächste Karte und fährt mit der Geschichte fort.*
4. *Wenn ihr möchtet, könnt ihr eure Geschichte auch notieren und die passenden Bilder dazu aufkleben.*

A

arriver au circuit

B

mettre le casque

C
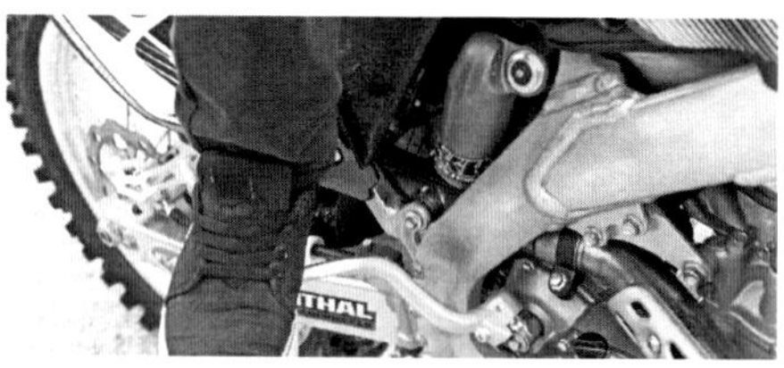
essayer de démarrer

D

rouler sur la piste

E

accélérer

F

sauter sur une bosse

G

prendre un virage

H

toucher le sol

I

perdre l'équilibre

J

faire une chute

K

pouvoir marcher

L

pousser sa moto

Name: Klasse: Datum:

13 Mediationskarten – Chez le médecin → SB S. 41, Nr. 11

1. *Schneidet die Kärtchen auseinander und legt sie verdeckt auf den Tisch.*
2. *Partner **A** zieht eine Karte und liest die Aufgabe Partner **B** vor.*
3. ***B** überträgt die Angaben ins Französische und Partner **A** kontrolliert mithilfe der Lösung in Klammern.*
4. *Wird die Aufgabe richtig gelöst, darf der Spieler die Karte behalten und zieht die nächste Karte.*
5. *Gewonnen hat, wer am Schluss die meisten Karten besitzt.*

Tipp:
Da ihr den Arzt siezt, denkt daran, die „Vous"-Form zu benutzen.

Situation 1: Tu es le / la médecin:

Wie fragt der Arzt den Patienten, wenn er wissen will, was los ist? [Qu'est-ce qui ne va pas?]	**Wie fragt der Arzt den Patienten, wo es weh tut?** [Où est-ce que vous avez mal?]	**Wie sagt der Arzt zum Patienten, dass er morgens eine Tablette nehmen muss?** [Vous devez prendre un comprimé le matin.]	**Wie sagt der Arzt zum Patienten, dass er mittags eine Tablette nehmen muss?** [Vous devez prendre un comprimé à midi.]
Wie sagt der Arzt zum Patienten, dass er abends eine Tablette nehmen muss? [Vous devez prendre un comprimé le soir.]	**Wie sagt der Arzt zum Patienten, dass er pro Tag eine Tablette nehmen muss?** [Vous devez prendre un comprimé par jour.]	**Wie sagt der Arzt zum Patienten, dass er geröntgt werden muss?** [Vous devez passer une radio.]	**Wie sagt der Arzt zum Patienten, dass er ihm ein Rezept für die Apotheke gibt?** [Je vous donne une ordonnance pour la pharmacie.]

Situation 2: Tu es un / une élève:

Wie sagst du, dass du Kopfschmerzen hast? [J'ai mal à la tête.]	**Wie sagst du, dass dir der Arm weh tut?** [J'ai mal au bras.]	**Wie sagst du, dass dir die rechte / linke Schulter weh tut?** [J'ai mal à l'épaule droite / gauche.]	**Wie sagst du, dass dir die Knie weh tun?** [J'ai mal aux genoux.]
Wie sagst du, dass du gestürzt bist? [J'ai fait une chute.]	**Wie fragst du, was du machen musst?** [Qu'est-ce que je dois faire?]	**Wie fragst du, ob du Medikamente einnehmen musst?** [Je dois prendre des médicaments?]	**Wie fragst du, ob es schlimm ist?** [C'est grave?]

Name: Klasse: Datum:

1 Partnerbogen – Un échange, c'est génial! → SB S. 48, Nr. 3

1. *Partner **A** deckt den B-Teil und Partner **B** den A-Teil ab.*
2. ***A** nennt ein leeres Feld im A-Teil: **Lundi midi** und stellt die Frage: **Qu'est-ce qu'on va faire?***
   ***B** beantwortet die Frage mit: **Lundi midi, on va ...** und nennt den Programmpunkt, der sich in dem Feld im B-Teil befindet. **A** schreibt den fehlenden Programmpunkt in das leere Feld im A-Teil.*
3. *Danach nennt **B** ein leeres Feld im B-Teil und fragt. **A** nennt seinen Programmpunkt. **B** ergänzt die fehlenden Wörter im B-Teil usw.*
4. *Deckt die Teile auf und korrigiert euer Programm.*

A

	lundi	mardi	mercredi	jeudi
matin	une excursion dans la région	....	un cours de français	....
midi	....	un pique-nique	....	au restaurant
après-midi	un tournoi de ping-pong	....	dans la famille d'accueil	....
soir	....	un match de rugby	....	une soirée d'adieu

B

	lundi	mardi	mercredi	jeudi
matin	....	un jeu de piste en groupe	....	match de basket
midi	à la cantine	....	en famille	....
après-midi	....	un entraînement de rugby	....	à la piscine
soir	une visite de la ville	....	au cinéma	....

2 Frage-Antwort-Karten – Un séjour en France, c'est super! → SB S. 49, Nr. 4

1. *Schneidet die Karten auseinander und setzt euch gegenüber.*
2. *Führt einen Dialog. **A** beginnt.*
3. *Tauscht am Ende die Karten und wiederholt das Gespräch.*

A	B
(1) On prépare un séjour en France pour notre classe? Qu'est-ce que tu aimerais faire?	(1) C'est une idée géniale. J'aimerais voir …  et …  .
(2) Et qu'est-ce que tu aimerais visiter?	(2) J'aimerais visiter …  et …  .
(3) Comme sport, qu'est-ce que tu aimerais faire?	(3) Comme sport, j'aimerais faire …  et …  .

3 Frage-Antwort-Karten – Les dernières vacances! → SB S. 50, Nr. 1

1. *Schneidet die Karten auseinander und setzt euch gegenüber.*
2. *Setzt die Verben in Klammern ins **passé composé** und führt einen Dialog. **A** beginnt.*
3. *Tauscht am Ende die Karten und wiederholt das Gespräch.*

A	B
(1) Où est-ce que tu … (aller) le week-end dernier?	(1) Le week-end dernier, je … (aller) … 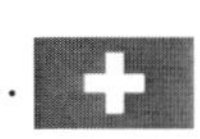 .
(2) Où est-ce que tu … (dormir)?	(2) Je … (dormir) …  .
(3) Samedi matin, qu'est-ce que tu … (faire)?	(3) Samedi matin, j'… (faire) …  .
(4) Et à midi, où est-ce que tu … (manger)?	(4) A midi, j'… (manger) …  .
(5) L'après-midi, qu'est-ce que tu … (faire)?	(5) L'après-midi, j'… (faire) …  .
(6) Et qu'est-ce que tu … (acheter)?	(6) J'… (acheter) … 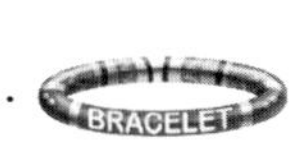 pour ma mère.
(7) Le soir, qu'est-ce que tu … (faire)?	(7) Le soir, j'… (regarder) un film …  .
(8) Comment est-ce que tu … (rentrer)?	(8) Je … (rentrer) …  .

4 Tandembogen – Dans une famille allemande → SB S. 52, Nr. 3A

1. *Faltet den Bogen in der Mitte.*
2. *Ihr unterhaltet euch über eure deutschen Gastfamilien und übertragt abwechselnd die Sätze ins Französische.*
3. *Kontrolliert euch gegenseitig anhand der Lösungen in Klammern und tauscht die Rollen.*

un(e) corres français(e)	un(e) corres français(e)
Du sagst, dass du in einer sehr sympathischen Gastfamilie in Köln bist.	[Je suis dans une famille d'accueil très sympa à Cologne.]
[On s'entend bien et mon corres connaît Stromae et C2C.]	Du erzählst, dass ihr euch gut versteht und dass dein Austauschpartner Stromae und C2C kennt.
Du berichtest, dass dein Austauschpartner, bevor er zur Schule geht, belegte Brote für die Pause vorbereitet.	[Avant de partir à l'école, mon corres prépare des sandwichs pour la récré.]
[On prend aussi une bouteille d'eau (gazeuse) parce qu'on a le droit de boire en cours.]	Du sagst, dass man auch eine Flasche Mineralwasser mitnimmt, weil man das Recht hat, im Unterricht zu trinken.
Du findest das toll, weil du immer durstig bist.	[Je trouve ça cool parce que j'ai toujours soif.]
[Le lendemain, on a fait un tournoi de foot franco-allemand.]	Du erzählst, dass ihr am nächsten Tag ein deutsch-französisches Fußballturnier durchgeführt [gemacht] habt.
Und du erzählst, dass du mit deinem Austauschpartner zu seinem Fußballtraining gegangen bist.	[Avec mon corres, je suis allé(e) à son entraînement de foot.]
[Hier soir, on est sortis avec des copains.]	Du sagst, dass ihr gestern Abend mit Freunden ausgegangen seid.
Du erwiderst, dass ihr auf der Abschiedsparty getanzt habt.	[On a dansé à la soirée d'adieu.]
[J'ai adoré Cologne et c'était un super séjour.]	Du sagst, dass dir Köln sehr gut gefallen hat und sagst, dass es ein toller Aufenthalt war.
Du sagst, dass dir die Stadt auch sehr gut gefallen hat und der Austausch genial war.	[Moi aussi, j'ai adoré la ville et c'était un séjour génial.]

5 Tandembogen – Dans une famille allemande → SB S. 53, Nr. 3B

1. *Faltet den Bogen in der Mitte.*
2. *Ihr unterhaltet euch über eure deutschen Gastfamilien und übertragt abwechselnd die Sätze ins Französische.*
3. *Kontrolliert euch gegenseitig anhand der Lösungen in Klammern und tauscht die Rollen.*

un(e) corres français(e)	un(e) corres français(e)
Du sagst, dass deine Gastfamilie in Buxtehude wohnt.	[Ma famille d'accueil habite à Buxtehude.]
[Ma corres est sympa, mais elle ne parle pas beaucoup.]	Du erklärst, dass deine Austauschpartnerin sehr sympathisch ist, aber nicht viel spricht.
Du erzählst, dass deine Austauschpartnerin sehr schüchtern ist und du sehr schlecht in Deutsch bist.	[Ma corres est très timide et moi, je suis nul(le) en allemand.]
[On se débrouille en anglais ou avec des gestes.]	Du berichtest, dass ihr euch mit Englisch oder mit Gesten verständigt.
Du erklärst, dass alle mit dem Fahrrad zur Schule kommen. Es ist echt ätzend, wenn es windig ist.	[Tout le monde va à l'école à vélo. C'est galère quand il y a du vent.]
[Au collège, pour dire bonjour, on ne fait pas la bise aux copains comme en France.]	Und du erklärst, dass man in der Schule zur Begrüßung keinen Wangenkuss an seine Freunde gibt wie in Frankreich.
Du erzählst, dass du am Samstag einen Tag in Hamburg verbracht hast.	[Samedi, j'ai passé une journée à Hambourg.]
[J'ai fait aussi une excursion à Hambourg et j'ai fait du shopping dans les magasins.]	Du sagst, dass du auch einen Ausflug nach Hamburg gemacht hast und in den Geschäften eingekauft hast.
Du antwortest, dass ein sehr sympathischer Freund mit euch nach Hamburg gekommen ist.	[Un copain très sympa est venu avec nous à Hambourg.]
[Cet après-midi, on est allé(e)s au théâtre.]	Du berichtest, dass ihr heute Nachmittag ins Theater gegangen seid.
Du erwiderst, dass dein Aufenthalt viel zu schnell vergangen ist.	[C'est passé trop vite.]

Name: Klasse: Datum:

6 Tandembogen – Dans une famille allemande → SB S. 54, Nr. 3C

1. *Faltet den Bogen in der Mitte.*
2. *Ihr unterhaltet euch über eure deutschen Gastfamilien und übertragt abwechselnd die Sätze ins Französische.*
3. *Kontrolliert euch gegenseitig anhand der Lösungen in Klammern und tauscht die Rollen.*

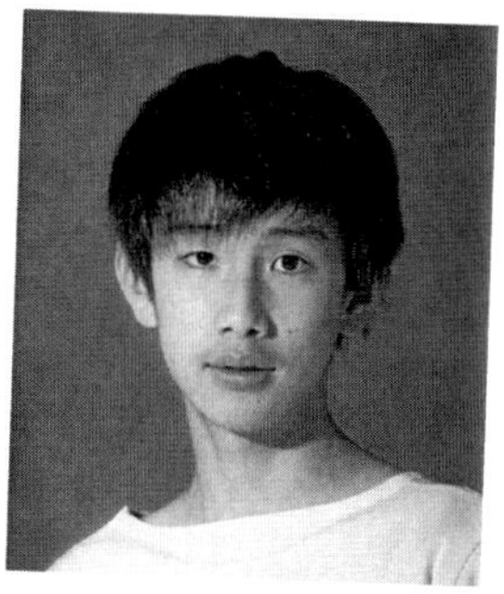

un(e) corres français(e)	un(e) corres français(e)
Du sagst, dass du nach 15 Stunden mit dem Zug in Rosenheim angekommen bist.	[Je suis arrivé(e) à Rosenheim après 15 heures de train.]
[Ma famille est très sympa.]	Du sagst, dass deine Familie sehr sympathisch ist.
Du erklärst, dass du sie nicht verstehst, wenn sie Deutsch sprechen, weil Deutsch schwer ist.	[Je ne les comprends pas quand ils parlent allemand parce que l'allemand, c'est difficile.]
[Le matin, les cours commencent à 7h40. C'est trop tôt.]	Du berichtest, dass der Unterricht morgens um 7.40 Uhr beginnt und dass es zu früh ist.
Du sagst, dass dein Handy um 6 Uhr klingelt, weil man sich hier viel Zeit für das Frühstück nimmt.	[Mon portable sonne à 6 heures parce qu'ici on prend bien le temps au petit-déjeuner.]
[On mange de la charcuterie, du fromage, de la confiture, des céréales et même parfois un œuf. C'est bizarre.]	Du erklärst, dass man Wurst, Käse, Marmelade, Müsli und manchmal sogar ein Ei isst und dass das seltsam ist.
Du erzählst, dass es hier super kalt ist, wenn ihr morgens losgeht.	[Ici, il fait hyper froid quand on part le matin.]
[Je mets tout le temps un bonnet quand je sors.]	Du erzählst, dass du ständig eine Mütze [un bonnet] trägst, wenn du ausgehst.
Du antwortest, dass du an diesem Wochenende mit deiner Familie nach Österreich gefahren bist, weil es nicht weit weg ist.	[Ce week-end, je suis allé(e) en Autriche avec ma famille parce que ce n'est pas loin.]
[Maintenant j'ose parler et je me débrouille quand je veux acheter quelque chose.]	Du berichtest, dass du dich jetzt traust zu reden und zurechtkommst, wenn du etwas kaufen möchtest.
Du sagst, dass morgen schon die Rückfahrt ist und du vielleicht wiederkommen wirst.	[Demain, c'est déjà le retour. Peut-être que je vais revenir.]

7 Tandembogen – Dans une famille allemande

→ SB S. 55, Nr. 3D

1. *Faltet den Bogen in der Mitte.*
2. *Ihr unterhaltet euch über eure deutschen Gastfamilien und übertragt abwechselnd die Sätze ins Französische.*
3. *Kontrolliert euch gegenseitig anhand der Lösungen in Klammern und tauscht die Rollen.*

un(e) corres français(e)	un(e) corres français(e)
Du sagst, dass du nach einer 12-stündigen Fahrt endlich in Leipzig angekommen bist.	[Après 12 heures de bus, je suis enfin arrivé(e) à Leipzig.]
[Ma corres habite au centre-ville dans un appartement avec sa mère.]	Du erzählst, dass deine Austauschpartnerin mit ihrer Mutter in einer Wohnung im Stadtzentrum wohnt.
Du erklärst, dass ihr zu Fuß zur Schule geht, weil es nicht weit weg ist.	[On va à pied au collège parce que ce n'est pas loin.]
[Les cours commencent à 7h30. C'est au milieu de la nuit.]	Du berichtest, dass der Unterricht morgens um 7.30 Uhr beginnt und dass das mitten in der Nacht ist.
Du sagst, dass man aber nachmittags früh nach Hause kommt und noch viele Sachen machen kann.	[Mais on rentre tôt l'après-midi et on peut faire plein de choses.]
[Dimanche, on est allé(e)s chez les grands-parents de ma corres.]	Du erklärst, dass ihr am Sonntag zu den Großeltern deiner Austauschpartnerin gefahren seid.
Du erzählst, dass ihr in eine typisch deutsche Bäckerei gegangen seid.	[On est allé(e)s dans une boulangerie typiquement allemande.]
[Ce matin, on est parti(e)s en bus pour Dresde avec la classe de ma corres.]	Und du erzählst, dass ihr heute Morgen mit der Klasse deiner Austauschpartnerin mit dem Bus nach Dresden gefahren seid.
Du erklärst, dass zwischen den Franzosen und den Deutschen eine gute Stimmung war.	[Il y avait une super ambiance entre les Français et les Allemands.]
[J'ai presque tout compris en allemand.]	Du antwortest, dass du fast alles auf Deutsch verstanden hast.

8 Images – C'est quelle photo? → SB S. 56, Nr. 4

1. *Setzt euch gegenüber und schneidet die Bilder auseinander.*
2. *Legt die Bilder auf den Tisch.*
3. *Partner **A** sucht gedanklich ein Bild aus, beschreibt es so genau wie möglich und sagt, was die Personen gemacht haben. Partner **B** muss am Ende der Beschreibung herausfinden, welches Foto **A** beschrieben hat.*
4. *Tauscht anschließend die Rollen und beschreibt das nächste Bild usw.*

Tipp:
Beginne deine Beschreibungen mit
Sur la photo, il y a / on voit / on peut voir …
A gauche / A droite / Dans le fond / Au milieu / Devant …
Il / Elle est … / Ils / Elles sont …

A

arriver à la gare

B

monter dans la tour

C

aller à un concert

D

rentrer à la maison

E

partir pour faire une balade

F

tomber dans l'eau

G

rester à la maison

H

rentrer en France

9 Frage-Antwort-Karten – Les activités avec les corres → SB S. 57, Nr. 5

1. *Schneidet die Karten auseinander und setzt euch gegenüber.*
2. *Setzt die Verben in Klammern ins **passé composé** und führt einen Dialog. **A** beginnt.*
3. *Tauscht am Ende die Karten und wiederholt das Gespräch.*

A	B
(1) Salut! Où est-ce que vous … (aller) samedi dernier?	(1) Salut! Samedi dernier, je … (aller) à l'entraînement de …  avec mon corres. Et toi et ton corres?
(2) Samedi matin, nous … d'abord … (aller) en ville pour faire du … .	(2) Ah, on … aussi … (aller) en ville à midi pour manger … .
(3) Samedi soir, nous … même … (rester) en ville pour aller à une soirée d'adieu. Et vous?	(3) Samedi soir, nous ne … pas … (sortir). On … (rester) à la maison. Plus tard, un copain … (venir) chez moi pour jouer à des … . Quand est-ce que vous … (rentrer) à … ?
(4) Très tard. Nous … (rentrer) vers … .	

10 Frage-Antwort-Karten – Vous sortez aujourd'hui? → SB S. 57, Nr. 7

1. *Schneidet die Karten auseinander und setzt euch gegenüber.*
2. *Setzt die richtigen Verbformen von partir △ oder sortir □ und die fehlenden Wörter ein und führt einen Dialog. **A** beginnt.*
3. *Tauscht am Ende die Karten und wiederholt das Gespräch.*

A	B
(1) Salut, les potes. Est-ce que vous … □ ce soir?	(1) Salut! On ne sait pas encore.
(2) Vous avez envie de … □ avec nous?	(2) Oui, on veut bien. Mais où est-ce qu'on peut aller? Vous avez une idée?
(3) Oui. On peut aller en ville au … .	(3) C'est une super idée. A quelle heure est-ce que vous … △?
(4) Très tôt, le train … △ à 8 heures. Alors, vous venez?	(4) Oui. On arrive. On … △ dans 5 minutes.
(5) Super! Rendez-vous devant … . Salut!	

Name: Klasse: Datum:

11 La bonne carte – Qu'est-ce que je prends au petit-déjeuner? → SB S. 58–59, Nr. 8

1. *Schneidet die Karten auseinander, mischt sie und legt sie verdeckt auf den Tisch.*
2. *Spielt zu zweit oder zu dritt. Nehmt abwechselnd zwei Karten.*
3. *Wer ein passendes Wort-Bild-Paar findet, kann es behalten und auf den eigenen Stapel legen.*
4. *Wer die meisten Paare findet, gewinnt.*

	du lait chaud/froid		de la tisane
	du thé		du sucre
	du café		du jus d'orange
	du cacao		de l'eau
	de la confiture		du pain
	du miel	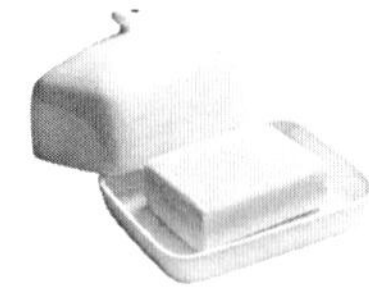	du beurre
	un œuf		du yaourt
	des céréales		de la charcuterie
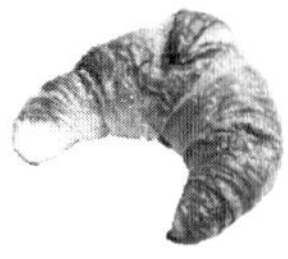	un croissant		du fromage

12 Mediationskarten – Au petit-déjeuner → SB S. 59, Nr. 9

1. *Schneidet die Kärtchen auseinander und legt sie verdeckt auf den Tisch.*
2. *Partner **A** zieht eine Karte und liest die Aufgabe Partner **B** vor.*
3. ***B** überträgt die Angaben ins Französische und Partner **A** kontrolliert mithilfe der Lösung in Klammern.*
4. *Wird die Aufgabe richtig gelöst, darf der Spieler die Karte behalten und zieht die nächste Karte.*
5. *Gewonnen hat, wer am Schluss die meisten Karten besitzt.*

Tu es un(e) corres: Situation 1:

Wie fragst du deine / deinen corres, was sie / er trinkt? [Qu'est-ce que tu bois?]	**Wie fragst du deine / deinen corres, was sie / er trinken will?** [Qu'est-ce que tu veux boire?]	**Wie fragst du deine / deinen corres, ob sie / er warme oder kalte Milch nimmt?** [Tu prends du lait chaud ou du lait froid?]	**Wie fragst du deine / deinen corres, ob sie / er Joghurt oder Milch in das Müsli will?** [Tu veux du yaourt ou du lait avec les céréales?]
Wie fragst du deine / deinen corres, ob sie / er noch Müsli oder Brot mit Aufstrich will? [Tu veux encore des céréales ou des tartines?]	**Wie fragst du deine / deinen corres, ob sie / er noch etwas davon will?** [Tu en veux encore?]	**Wie fragst du deine / deinen corres, ob sie / er dir bitte die Marmelade reichen kann?** [Tu peux me passer la confiture, s'il te plaît?]	**Wie fragst du deine / deinen corres, ob sie / er Honig oder Marmelade auf das Brot will?** [Tu veux du miel ou de la confiture sur tes tartines / ton pain?]

Tu es un(e) corres: Situation 2:

Wie fragst du, wenn du noch Zucker haben möchtest? [Je peux avoir du sucre?]	**Wie antwortest du, dass du bitte Milch haben möchtest?** [Du lait, s'il te plaît.]	**Wie antwortest du, dass du bitte Honig haben möchtest?** [Du miel, s'il te plaît.]	**Wie antwortest du, dass du warme Milch mit Kakao haben möchtest?** [Du lait chaud avec du cacao, s'il te plaît.]
Wie antwortest du, dass du gerne Joghurt haben möchtest? [Je veux bien du yaourt.]	**Wie antwortest du, wenn du etwas bejahst und dich bedankst?** [Oui, merci.]	**Wie antwortest du, wenn du etwas verneinst und dich bedankst?** [Non, merci.]	**Wie antwortest du bitte, wenn du jemanden etwas gibst?** [Voilà.]

Name: Klasse: Datum:

13 Partnerbogen – Un corres français – une corres française? → SB S. 60

1. *Schneidet den Bogen auseinander und setzt euch gegenüber.*
2. ***A** beginnt und stellt einen französischen **corres** vor. **B** trägt die fehlenden Angaben in den grau unterlegten Kasten ein. Danach stellt **B** einen **corres** vor und **A** notiert diese Informationen.*
3. *Am Ende legt ihr die Bögen nebeneinander und kontrolliert, ob die eingetragenen Angaben korrekt sind.*

A	 Pierre	 Margaux	 Kemal	 Zoha
La famille de … vient de:	Strasbourg	....	Perpignan	....
frères et sœurs:	–	....	1 frère, 1 sœur	....
❤	les BD	....	la natation	....
Les loisirs:	jouer de la guitare	....	le handball	....
Le week-end:	cinéma	....	la natation	....

B	 Pierre	 Margaux	 Kemal	 Zoha
La famille de … vient de:	....	Grenoble	....	Lille
frères et sœurs:	....	2 frères, 1 sœur	....	2 sœurs
❤	....	le tennis	....	la danse
Les loisirs:	....	faire de l'escalade	....	chanter
Le week-end:	....	des tournois de tennis	....	sortir avec les copines

1 Dialogkarten – Quel est son métier? → SB S. 70, Nr. 2

1. *Schneidet die Karten auseinander und legt sie auf einen Stapel.*
2. *Partner **A** zieht eine Karte. Partner **B** stellt passende Fragen:*
   Quel est son métier?
   Où est-ce qu'il/elle travaille?
   *Partner **A** beantwortet die Fragen.*
3. *Danach zieht Partner **B** eine Karte. Partner **A** stellt die passenden Fragen und Partner **B** antwortet usw.*

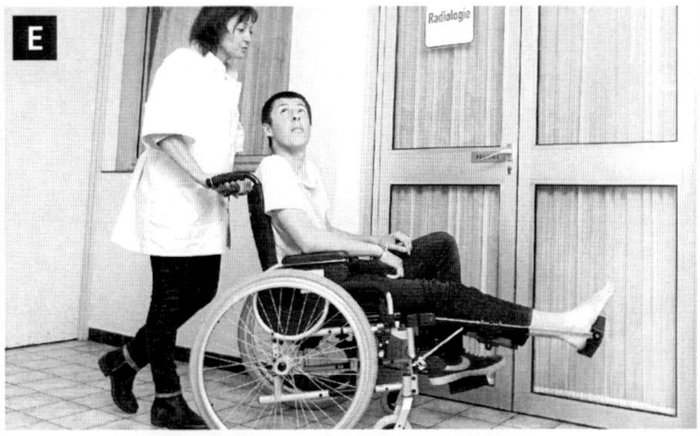

2 Tandembogen – On va à Avignon? → SB S. 71, Nr. 3

1. *Faltet den Bogen in der Mitte.*
2. *Übertragt abwechselnd die Sätze ins Französische.*
3. *Kontrolliert euch gegenseitig anhand der Lösungen in Klammern.*
4. *Tauscht die Rollen.*

A	B
Du fragst einen Freund / eine Freundin, ob er / sie mit euch nach Avignon fahren möchte.	[Tu veux aller à Avignon avec nous?]
[Qu'est-ce qu'on peut faire à Avignon?]	Du möchtest wissen, was man in Avignon machen kann.
Du erzählst, dass es dort den Papstpalast und ein Theaterfestival gibt.	[Il y a le palais des Papes et un festival de théâtre.]
[C'est quand, le festival?]	Du fragst, wann das Festival stattfindet.
Du sagst, dass es im Juli stattfindet und dass es ein großes Fest ist.	[C'est en juillet et c'est une grande fête.]
[Est-ce que tu as un plan de la ville et un programme des spectacles?]	Du fragst, ob dein Freund / deine Freundin einen Stadtplan und ein Veranstaltungsprogramm hat.
Du sagst, dass man den Stadtplan und das Veranstaltungsprogramm im Internet finden kann.	[On peut trouver le plan de la ville et le programme des spectacles sur Internet.]
[Il fait beau à Avignon en juillet?]	Du fragst, ob im Juli in Avignon schönes Wetter ist.
Du sagst, dass es sonnig und heiß ist.	[Il y a du soleil et il fait chaud.]
[J'ai envie d'aller à Avignon.]	Du sagst, dass du Lust hast, nach Avignon zu fahren.
Du versprichst, dass das toll sein wird.	[Ça va être super.]

3 Frage-Antwort-Karten – A table → SB S. 72, Nr. 1

1. *Schneidet die Karten auseinander und setzt euch gegenüber.*
2. *Führt einen Dialog. **A** beginnt, **B** antwortet und setzt das Gespräch fort.*
3. *Tauscht am Ende die Karten und wiederholt das Gespräch.*

A	B
(1) Qu'est-ce que tu préfères? Du …  ou du …  ?	(1) Du …  , s'il te plaît.
(2) Et après, tu veux …  avec …  ?	(2) Oui, volontiers.
(3) Et en dessert, tu veux …  ?	(3) Oh, oui, super.

4 Frage-Antwort-Karten – Au restaurant → SB S. 72, Nr. 1

1. *Schneidet die Karten auseinander und setzt euch gegenüber.*
2. *Führt einen Dialog. **A** beginnt, **B** antwortet und setzt das Gespräch fort.*
3. *Tauscht am Ende die Karten und wiederholt das Gespräch.*

A	B
(1) Qu'est-ce que vous choisissez comme entrée?	(1) En entrée, je prends …  .
(2) Et comme plat principal?	(2) Je prends …  avec …  .
(3) Et en dessert?	(3) Je prends des …  .
(4) Alors, du …  en entrée, …  avec …  comme plat principal et des …  en dessert.	(4) Très bien!

Name: Klasse: Datum:

5 Puzzle – Julie remplace le serveur → SB S. 73–75, Nr. 2

1. *Schneide die Satzstreifen und die Bilder auseinander und bringe den Text in die richtige Reihenfolge.*
2. *Ordne die Bilder den entsprechenden Textstellen zu.*
3. *Vergleiche mit einem Partner, ob ihr die richtigen Lösungswörter habt.*

Mme Moretti n'a personne pour remplacer son serveur. Julie propose son aide.	R
D'autres clients arrivent, mais il n'y a plus de place. Julie ajoute un couvert à une table pour quatre personnes.	M
Après ça, Julie note la commande d'un couple. Ils prennent deux menus à 18 euros.	L
Dans la salle, Mme Moretti s'occupe des prochains clients. Un homme a réservé une table pour quatre personnes. Mme Moretti regarde dans le carnet de réservation.	C
Le restaurant est vide, Julie a débarrassé la dernière table, elle est crevée. Mme Moretti lui dit merci et lui donne son pourboire.	R
A une autre table, la dame n'est pas contente avec son plat. Elle a commandé le poisson avec des pommes de terre et pas avec de la ratatouille.	E
A la table 11, la cliente commence à s'énerver. Elle a commandé cinq plats du jour. Ils ne sont pas encore là.	A
Ensuite, Julie va à la cuisine et passe une commande au cuisinier.	P
A midi, Julie accueille le premier client et lui apporte la carte.	E

Lösungswort 1: .... **Lösungswort 2:** LE ....

6 Domi-mots – Julie est crevée → SB S. 76, Nr. 3

1. *Schneidet die Karten auseinander und mischt sie.*
2. *Verteilt die Karten gleichmäßig. Der Spieler mit der* ***Début-Karte*** *beginnt.*
3. *Wer das passende Satzende hat, legt die Karte an und liest den Satz laut vor. Danach wird das passende Wort an den nächsten Satz gelegt.*
4. *Das Spiel ist beendet, wenn die* ***Fin-Karte*** *gelegt wurde.*

Début	Le serveur de Mme Moretti …	… est malade.	Julie propose …
… son aide.	Le premier client est Monsieur …	… Bonnard. Il est seul. Il prend le menu à 18 euros.	La famille Faure veut manger …
… vite. Mme Faure commande cinq poulets.	Mme Faure est …	… énervée et Julie est stressée.	Le prochain client, c'est Monsieur Lopez. Il
… n'est pas stressé.	Quand tout le monde est parti, Julie …	… est fatiguée et crevée.	**Fin**

7 Frage-Antwort-Karten – Tu connais ce monument? → SB S. 76, Nr. 4

1. *Schneidet die Karten auseinander und setzt euch gegenüber.*
2. *Stellt euch abwechselnd Fragen und benutzt dabei* ***ce / cette / cet / ces****.* ***A*** *beginnt,* ***B*** *antwortet und setzt das Gespräch fort.*
3. *Tauscht am Ende die Karten und wiederholt das Gespräch.*

A

(1) Tu connais … musée? 

(2) Oui, c'est la …  .

Tu connais aussi … monument? 

(3) Oui, c'est le …  et …  .

B

(1) Oui, c'est le …  .

Et toi, tu connais … tour? 

(2) Oui, c'est …  .

Tu connais … églises?  

Name: Klasse: Datum:

8 Tandembogen – A la cuisine → SB S. 77, Nr. 6

1. *Faltet den Bogen in der Mitte.*
2. *Partner **A** stellt Fragen. Partner **B** antwortet und ergänzt das richtige Pronomen **le / la / l' / les**.*
3. *Kontrolliert euch gegenseitig anhand der Lösungen in Klammern.*
4. *Tauscht die Rollen.*

A	B
Où est-ce que j'apporte …  ? [Tu l'apportes à la table 11.]	[Où est-ce que j'apporte le steak?] Tu … apportes à la table 11.
Et où est-ce que j'apporte …  ? [Tu les apportes à la table 9.]	[Et où est-ce que j'apporte les pommes de terre (au romarin)?] Tu … apportes à la table 9.
Où est-ce que je mets …  ? [Tu le mets dans le frigo.]	[Où est-ce que je mets le poisson?] Tu … mets dans le frigo.
Et où est-ce que je mets …  ? [Tu le mets aussi dans le frigo.]	[Et où est-ce que je mets le fromage?] Tu … mets aussi dans le frigo.
Qu'est-ce que je fais avec …  ? [Tu les mets dans le sac, là-bas.]	[Qu'est-ce que je fais avec les tomates?] Tu … mets dans le sac, là-bas.
Et qu'est-ce que je fais avec …  ? [Tu peux la manger.]	[Et qu'est-ce que je fais avec la glace?] Tu peux … manger.

9 Mediationskarten – Au restaurant → SB S. 78, Nr. 7

1. *Schneidet die Kärtchen auseinander und legt sie verdeckt auf den Tisch.*
2. *Partner **A** zieht eine Karte und liest die Aufgabe Partner **B** vor.*
3. ***B** überträgt die Angaben ins Französische und Partner **A** kontrolliert mithilfe der Lösung in Klammern.*
4. *Wird die Aufgabe richtig gelöst, darf der Spieler die Karte behalten und zieht die nächste Karte.*
5. *Gewonnen hat, wer am Schluss die meisten Karten besitzt.*

Wie fragst du im Restaurant, ob sie einen Tisch für 2 Personen haben? [Vous avez une table pour deux personnes?]	**Wie fragst du im Restaurant, ob sie einen Tisch auf der Terrasse haben?** [Vous avez une table en terrasse?]	**Wie fragst du die Bedienung, ob sie dir die Karte bringen kann?** [Vous pouvez m'apporter la carte, s'il vous plaît?]	**Wie fragst du die Bedienung, ob es ein vegetarisches Menü gibt?** [Vous avez un menu végétarien?]
Wie fragst du die Bedienung nach Salz? [Est-ce que vous avez du sel?]	**Wie sagst du im Restaurant, dass du einen Tisch für vier Personen auf deinen Namen bestellt hast?** [J'ai réservé une table pour quatre personnes au nom de XXX.]	**Wie sagst du der Bedienung, dass du das Menu für 19 € nimmst?** [Je prends le menu à dix-neuf euros.]	**Wie sagst du der Bedienung, dass du kein Menu nimmst, sondern etwas aus der Karte?** [Je ne prends pas de menu. Je prends à la carte.]
Wie sagst du der Bedienung, dass du das Tagesgericht nimmst? [Je prends le plat du jour.]	**Wie sagst du der Bedienung, dass du etwas nicht bestellt hast?** [Excusez-moi. Je n'ai pas commandé ça.]	**Wie fragst du die Bedienung, welches das Tagesgericht ist?** [Quel est le plat du jour?]	**Wie sagst du der Bedienung, dass du die Rechnung möchtest?** [S'il vous plaît. On voudrait l'addition.]
Wie sagst du der Bedienung, dass du als Vorspeise die Melone möchtest? [En entrée, je voudrais le melon.]	**Wie sagst du der Bedienung, dass du als Hauptspeise ein Steak haben möchtest?** [Comme plat principal, je voudrais un steak, s'il vous plaît.]	**Wie sagst du der Bedienung, dass du zum Nachtisch das Eis nimmst?** [En dessert, je prends la glace.]	**Wie sagst du, dass du die Salatsoße mit Essig und Öl nicht magst?** [Je n'aime pas la vinaigrette.]
Wie sagst du, dass du anstelle von Ratatouille Kartoffeln haben möchtest? [Je voudrais des pommes de terre à la place de la ratatouille.]	**Wie sagst du, dass du allergisch bist?** [Je suis allergique.]	**Wie sagst du, dass das Fleisch kalt ist?** [La viande est froide.]	**Wie antwortest du der Bedienung, dass das Essen perfekt war?** [Parfait!]

10 Partnerbogen – J'ai choisi → SB S. 78, Nr. 7

1. *Partner* ***A*** *deckt den B-Teil und Partner* ***B*** *den A-Teil ab.*
2. ***A*** *nennt ein leeres Feld im A-Teil und fragt* ***Qu'est-ce que tu prends …?*** ***B*** *beantwortet die Frage mit* ***Je prends …*** ***A*** *notiert die Bestellung in dem betreffenden Feld.*
3. *Danach nennt* ***B*** *ein leeres Feld im B-Teil und fragt.* ***A*** *antwortet und* ***B*** *notiert die Bestellung.*
4. *Am Ende vergleicht ihr eure Ergebnisse.*

A

	1	2	3
a		....	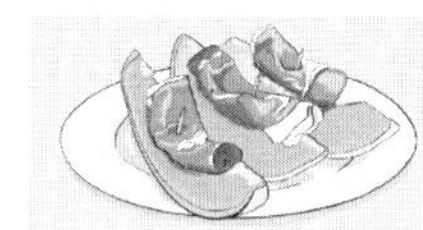
b	....		....
c	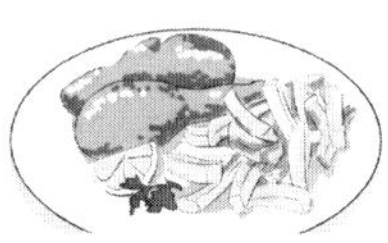	....	
d	....		....

B

	1	2	3
a	....		....
b	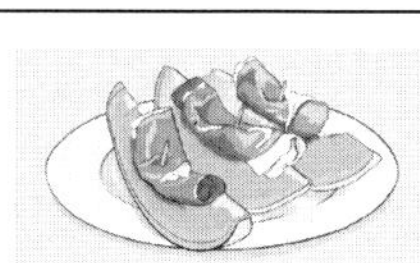	....	
c	....		....
d		....	

Name: Klasse: Datum: **4**

11 Frage-Antwort-Karten – Une offre d'emploi → SB S. 80–81, Nr. 8/9

1. *Schneidet die Karten auseinander und setzt euch gegenüber.*
2. *Führt einen Dialog und ergänzt mit den folgenden Wörtern:*

expérience | détails | Internet | travaillé | flexible | annonce | heure | rémunération | serveur

3. ***A** beginnt. Tauscht am Ende die Karten und wiederholt das Gespräch.*

A	B
(1) Bonjour. J'ai lu votre … sur …	(1) Oui, nous cherchons un … pour deux mois. Vous avez de l'…?
(2) Oui, j'ai déjà… dans un café.	(2) Bon. Vous pouvez passer ce soir pour parler des …?
(3) Pas de problème! Je suis …	(3) A vingt heures. Ça vous va?
(4) Oui. Une dernière question. Quelle est la …?	(4) Je vous propose onze euros de l'…
(5) C'est parfait. Merci. Au revoir.	(5) Au revoir. A ce soir.

12 Puzzle – J'ai lu une annonce → SB S. 81, Nr. 10

1. *Schneidet die Karten auseinander, mischt sie und legt sie sichtbar auf den Tisch.*
2. *Bildet richtige Sätze und ergänzt die korrekte Form von **lire** oder **écrire**. Beginnt immer mit der grau unterlegten Karte.*

sur Internet.	…	J'ai	une offre d'emploi
offre.	Mme Moretti a	cette	…
à Mme Moretti.	un e-mail	…	J'
e-mail.	…	Mme Moretti	mon

13 Tandembogen – Petit boulot → SB S. 82

1. *Faltet den Bogen in der Mitte.*
2. *Übertragt abwechselnd die Sätze ins Französische.*
3. *Kontrolliert euch gegenseitig anhand der Lösungen in Klammern.*
4. *Tauscht die Rollen.*

Bewerber	Arbeitgeber
Du begrüßt die Person am Telefon und sagst, dass du Frau Dufour sprechen möchtest.	[Bonjour. Je voudrais parler à Mme Dufour s'il vous plaît.]
[C'est moi-même.]	Du sagst, dass du es selbst bist.
Du begrüßt noch einmal Frau Dufour und sagst, dass du die Anzeige im Internet gelesen hast.	[Bonjour, madame. J'ai lu votre annonce sur Internet.]
[C'est quelle annonce?]	Du fragst, um welche Anzeige es sich handelt.
Du sagst, dass es darum geht, die Produkte in ihrem Supermarkt einzuräumen.	[C'est pour ranger les produits de votre supermarché.]
[Vous avez de l'expérience?]	Du fragst den Bewerber, ob er schon Erfahrung hat.
Du erzählst, dass du schon mal in einem Supermarkt gearbeitet hast.	[J'ai déjà travaillé dans un supermarché.]
[Nous avons besoin de quelqu'un pour ranger les produits le vendredi après-midi et le samedi matin.]	Du sagst, dass ihr jemanden für das Einräumen der Produkte am Freitagnachmittag und Samstagvormittag braucht.
Du fragst, wie die Bezahlung ist.	[Quelle est la rémunération?]
[C'est dix euros de l'heure. Vous pouvez passer pour un entretien ce soir?]	Du antwortest, dass es 10 € pro Stunde sind. Du fragst den Bewerber, ob er am Abend zu einem Vorstellungsgespräch kommen kann.
Du bejahst und fragst, um welche Uhrzeit.	[Oui. A quelle heure?]
[A sept heures, ça vous va?]	Du fragst, ob es um sieben Uhr passt.
Du bist einverstanden und verabschiedest dich.	[D'accord. Au revoir.]

14 Jeu – Fragekarten → SB S. 82

Für das Spiel braucht ihr einen Würfel, Spielfiguren und diese Spielkarten. Schneidet die Fragekarten aus und legt sie verdeckt auf den Tisch. Die Spielanleitung und den Spielplan findet ihr auf S. 59.

1. Qu'est-ce qu'elle commande? 	2. Qu'est-ce qu'il commande? 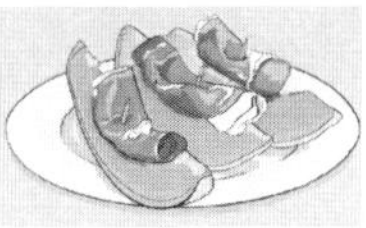	3. Qu'est-ce qu'il prend? 
4. Qu'est-ce qu'elle prend? 	5. Qu'est-ce qu'il demande? 	6. Qu'est-ce qu'elle a oublié? 
7. Complète: je lis, tu …, il / elle / on …, nous …, vous …, ils / elles …, j'ai …	8. En français: Was für eine Schufterei!	9. En français: Er fängt an, sich aufzuregen.
10. Complète: j'écris, tu …, il / elle / on …, nous …, vous …, ils / elles …, j'ai …	11. En français: Sie schlägt sich gut.	12. En français: Ihm tut alles weh.
13. Quel est son métier? 	14. Qu'est-ce que c'est? 	15. C'est une crème brûlée? 

Lösungskarte für den Spielführer:

1. Elle commande un steak avec des pommes de terre.	2. Il commande du melon avec du jambon (cru).	3. Il prend un café.	4. Elle prend une boisson / un apéritif.	5. Il demande l'addition.
6. Elle a oublié son portemon-naie / porte-feuille.	7. je lis, tu lis, il / elle / on lit, nous lisons, vous lisez, ils / elles lisent, j'ai lu	8. Quel boulot!	9. Il commence à s'énerver.	10. j'écris, tu écris, il / elle / on écrit, nous écrivons, vous écrivez, ils / elles écrivent, j'ai écrit
11. Elle se débrouille bien.	12. Il a mal partout.	13. Il est serveur.	14. C'est un plan de la ville.	15. Non, ce sont des boules de glace.

5 Name: Klasse: Datum:

1 La bonne carte – Au marché → SB S. 90, Nr. 1

1. *Schneidet die Karten auseinander, mischt sie und legt sie verdeckt auf den Tisch.*
2. *Spielt zu zweit oder zu dritt. Nehmt abwechselnd zwei Karten.*
3. *Wenn du ein passendes Wort-Bild-Paar findest, kannst du es behalten und auf deinen Stapel legen.*
4. *Wer die meisten Paare findet, gewinnt.*

	les bananes		les fleurs
	la carotte		le fromage
	le lait		les yaourts
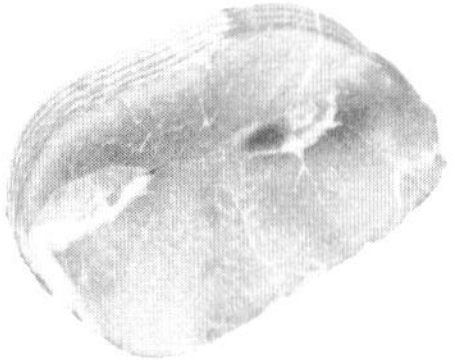	le jambon		les tomates
	les poissons		les fruits de mer
	les fruits		les légumes
	les produits laitiers	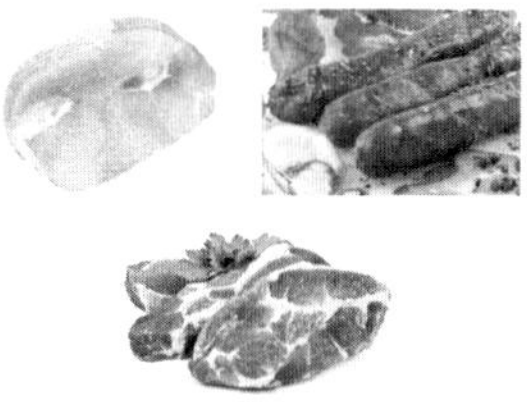	la viande

2 Tandembogen – A Rungis → SB S. 90, Nr. 2/3

1. *Faltet den Bogen in der Mitte.*
2. *Partner **A** stellt Fragen. Partner **B** antwortet und stellt die nächste Frage usw.*
3. *Kontrolliert euch gegenseitig anhand der Lösungen in Klammern.*
4. *Tauscht die Rollen.*

A	B
Rungis, c'est où? [C'est à 7 km de Paris.]	C'est à …
Il y a …	Il y a combien d'entreprises à Rungis? [Il y a 1200 entreprises.]
Qu'est-ce que les commerçants achètent à Rungis? [Ils achètent par exemple des fleurs.]	Ils achètent par exemple … 
Ils achètent … 	Et qu'est-ce qu'ils achètent encore? [Ils achètent des produits laitiers.]
Combien de tonnes de produits alimentaires est-ce qu'ils achètent par an? [Ils achètent 1,1 million de tonnes par an.]	Ils achètent …
… travaillent à Rungis.	Combien de personnes travaillent à Rungis? [12 000 personnes travaillent à Rungis.]
Quand est-ce que les premiers camions arrivent à Rungis? [Ils arrivent à / vers minuit.]	Ils arrivent … 

Name: Klasse: Datum:

3 Domi-mots – Comment est-ce qu'on travaille à Rungis? → SB S. 92, Nr. 1

1. *Schneidet die Karten auseinander und mischt sie.*
2. *Verteilt die Karten gleichmäßig. Der Spieler mit der* ***Début-Karte*** *beginnt.*
3. *Wer das passende Satzende hat, legt die Karte an und liest den Satz laut vor. Danach wird das passende Wort an den nächsten Satz gelegt.*
4. *Das Spiel ist beendet, wenn die* ***Fin-Karte*** *gelegt wurde.*

Début	A Rungis, le travail …	… commence à minuit.	Vers minuit, …
… les livreurs déchargent leur camion.	Les vendeurs transportent …	… les cartons jusqu'à la zone de vente.	A trois heures, les cartons sont …
… prêts dans la zone de vente.	A partir de trois heures, les …	… acheteurs arrivent.	Les acheteurs choisissent des produits …
… et négocient les prix avec les vendeurs.	A la fin, les acheteurs chargent …	… leur marchandise dans leur camionnette.	**Fin**

4 Frage-Antwort-Karten – Une visite à Rungis → SB S. 93, Nr. 1c

1. *Schneidet die Karten auseinander und setzt euch gegenüber.*
2. *Führt einen Dialog und setzt* ***tout le / toute la / tous les / toutes les*** *in die Lücken ein.*
3. ***A*** *beginnt,* ***B*** *antwortet und setzt das Gespräch fort.*
4. *Tauscht am Ende die Karten und wiederholt das Gespräch.*

A

(1) Tu as passé … nuit à Rungis?

(2) Tu as vu … marché?

(3) Quand est-ce que le travail commence à Rungis?

B

(1) Oui, … nuit et … matin.

(2) Non, c'est trop grand. Mais j'ai vu … camions avec la marchandise qui vient de … France.

(3) Il commence … nuits à minuit.

5 Puzzle – La journée de travail de Mathis → SB S. 94–96, Nr. 3

1. *Schneide die Satzstreifen auseinander und bringe den Text in die richtige Reihenfolge.*
2. *Vergleiche mit einem Partner, ob ihr das richtige Lösungswort habt.*

A quatre heures moins dix, Mathis voit Fabrice avec un groupe de touristes.	**R**
A quatre heures, Mathis discute avec Mohamed, un acheteur pour les «Restos du Cœur». Il lui parle de son problème.	**G**
Les touristes posent beaucoup de questions. Ils aiment la dégustation.	**R**
A cinq heures et demie, Fabrice arrive au pavillon de la volaille avec son groupe de touristes. Mathis leur propose une dégustation.	**E**
A minuit, au marché de Rungis, la journée de travail commence pour Mathis. Il est le patron d'une entreprise de volailles.	**D**
A une heure du matin, Mathis retrouve Adam. Ils travaillent ensemble depuis dix ans.	**C**
A minuit et demi, Mathis va dans la halle. Là, il fait froid. Il fait entre deux et quatre degrés.	**E**
Adam a vérifié tous les cartons. Tout est ok. Il ne manque rien.	**H**
A trois heures cinq, Mathis retourne sur la zone de vente et commence à discuter le prix de ses produits avec les acheteurs.	**A**

Lösungswort: ....

6 Jeu de mimes – A Rungis → SB S. 94–96, Nr. 3

1. *Schneidet die Karten auseinander und legt sie verdeckt auf den Tisch.*
2. ***A** nimmt eine Karte und macht pantomimisch vor, was auf der Karte steht.*
   ***B** muss die Handlung erraten, z. B.: Je me lève tôt.*
3. *Danach ist **B** an der Reihe usw.*

Je décharge la marchandise.	Je négocie le prix.	Je pique dans les stocks.
Je vérifie toute la marchandise.	Je remplis le chariot.	Je charge la camionnette.
Je soupçonne une personne.	Je contrôle les commandes sur mon ordinateur.	Je fais visiter Rungis à des groupes de touristes.

7 Tandembogen – On achète des foies gras → SB S. 95–96, Nr. 3

1. *Faltet den Bogen in der Mitte.*
2. *Übertragt abwechselnd die Sätze ins Französische.*
3. *Kontrolliert euch gegenseitig anhand der Lösungen in Klammern.*
4. *Tauscht die Rollen.*

Acheteur	Vendeur
Du fragst, was die Gänseleberpastete kostet.	[Ça coûte combien, le foie gras?]
[Cent grammes, ça fait cent euros.]	Du sagst, dass 100 Gramm 100 Euro kosten.
Du fragst, ob es eine gute Qualität ist.	[Est-ce que c'est une bonne qualité?]
[C'est une super qualité.]	Du antwortest, dass es eine super Qualität ist.
Du fragst, wo die Gänseleberpastete herkommt.	[Le foie gras, il vient d'où?]
[Il vient du sud-ouest de la France.]	Du sagst, dass sie aus dem Südwesten Frankreichs kommt.
Du erzählst, dass du den Südwesten Frankreichs liebst.	[J'aime le sud-ouest de la France.]
[Moi aussi, j'aime le sud-ouest de la France et surtout les foies gras.]	Du sagst, dass du auch den Südwesten Frankreichs und vor allem die Gänseleberpasteten liebst.
Du fragst, welchen Preis dir der Verkäufer für einen Karton Gänseleberpastete macht.	[Quel prix est-ce que vous me faites pour un carton de foie gras?]
[Je vous fais un prix d'ami. Deux mille euros.]	Du sagst, dass du einen Freundschaftspreis machst. 2 000 €.
Du sagst, dass das zu teuer ist und bietest 1700 €.	[C'est trop cher. Mille sept cents euros.]
[Mais ils sont magnifiques, ces foies gras.]	Du sagst, dass diese Gänseleberpasteten aber wunderschön sind.
Du sagst, dass du eine Runde drehst und wiederkommst.	[Je fais un tour et je reviens.]

8 Tandembogen – Qui est le voleur / la voleuse? → SB S. 97, Nr. 4

1. *Ergänzt zunächst die Tabelle mit den Redemitteln und trennt diese von dem Tandembogen.*
2. *Faltet dann den Bogen in der Mitte.*
3. *Übertragt abwechselnd die Sätze ins Französische.*
4. *Kontrolliert euch gegenseitig anhand der Lösungen in Klammern.*
5. *Tauscht die Rollen.*

En allemand	En français
Ich denke, dass …	Je pense que …
Wir denken, dass …	Nous pensons que …
Meiner Meinung nach …	
Unserer Meinung nach …	
Wir sind einverstanden.	

A	B
Deiner Meinung nach ist Adam der Dieb, weil er 3 Kinder hat.	[A mon avis, le voleur, c'est Adam parce qu'il a 3 enfants.]
[Je pense que Zoé, c'est la voleuse parce qu'elle vient de s'acheter une voiture.]	Du denkst, dass Zoé die Diebin ist, weil sie sich gerade ein Auto gekauft hat.
Du denkst, dass Fabrice der Dieb ist, weil er Student ist.	[Je pense que le voleur, c'est Fabrice parce qu'il est étudiant.]
[A mon avis, la voleuse, c'est Tamara parce qu'elle va bientôt se marier.]	Deiner Meinung nach ist Tamara die Diebin, weil sie bald heiraten wird.
Du denkst, dass Gérard der Dieb ist, weil er ein Restaurant in Paris hat.	[Je pense que le voleur, c'est Gérard parce qu'il a un restaurant à Paris.]
[A notre avis, le voleur, c'est un touriste parce que le foie gras est très cher à l'étranger.]	Eurer Meinung nach ist ein Tourist der Dieb, weil die Gänseleberpastete im Ausland sehr teuer ist.
Ihr seid einverstanden. Ihr denkt auch, dass ein Tourist der Dieb ist, weil er während der Verkostung leicht die Gänseleberpastete stehlen kann.	[Nous sommes d'accord. Nous pensons que le voleur, c'est un touriste parce qu'il peut facilement voler le foie gras pendant la dégustation.]

9 Frage-Antwort-Karten – C'est quelle dégustation? → SB S. 97, Nr. 5

1. *Schneidet die Karten auseinander und setzt euch gegenüber.*
2. *Führt einen Dialog und verwendet **quel / quels / quelle / quelles**.*
3. ***A** beginnt, **B** antwortet und setzt das Gespräch fort.*
4. *Tauscht am Ende die Karten und wiederholt das Gespräch.*

Mathis	un(e) touriste
(1) Et voilà, je vous propose une dégustation. Goûtez, s'il vous plaît!	(1) C'est … produit?
(2) C'est du foie gras.	(2) … est le prix pour 200 grammes de foie gras?
(3) Ça fait environ 200 euros.	(3) Waouh! 200 euros pour 200 grammes. C'est énorme. Les canards viennent de … régions?
(4) Ils viennent du sud-ouest de la France.	(4) Dans … pays est-ce qu'on mange du foie gras?
(5) Par exemple, à Noël, on mange du foie gras dans toute la France.	

10 Frage-Antwort-Karten – Tu n'as jamais …? → SB S. 97, Nr. 6

1. *Schneidet die Karten auseinander und setzt euch gegenüber.*
2. *Führt einen Dialog und verwendet **ne … jamais** und die Verben in Klammern im **passé composé**.*
3. ***A** beginnt, **B** antwortet und setzt das Gespräch fort.*
4. *Tauscht am Ende die Karten und wiederholt das Gespräch.*

A	B
(1) Tu veux aller avec nous dans les Pyrénées?	(1) Oui. Je veux bien. Mais je … (aller) dans les Pyrénées.
(2) Dans les Pyrénées, on peut faire du …  . On peut faire un stage si tu veux.	(2) Oui. Super. Mais je … (faire) de …  ?
(3) Tu … (faire) de …  ? Tu vas adorer. Et à Montgaillard, on peut dormir dans …  pas cher.	(3) Un hôtel? Je … (dormir) à l'hôtel.
(4) Dans les Pyrénées, quand il y a assez de vent, on peut même faire du …  .	(4) Très bonne idée. Je … (faire) de …  .

11 Partnerbogen – Un marché où on travaille la nuit → SB S. 98, Nr. 7

1. *Partner **A** deckt den B-Teil und Partner **B** den A-Teil ab.*
2. ***A** nennt ein auszufüllendes Feld im A-Teil, liest den Satz vor und ergänzt dabei das fehlende Relativpronomen **(qui, où)**. **B** kontrolliert mit Hilfe der Lösung in seinem Feld.*
3. *Danach nennt **B** ein leeres Feld im B-Teil, liest den Satz vor und ergänzt dabei das fehlende Relativpronomen **(qui, où)**. **A** kontrolliert mit Hilfe der Lösung in seinem Feld usw.*

A

	1	2	3
a	Rungis est un grand marché … se trouve à 7 km de Paris.	Rungis, c'est un endroit **où** on travaille la nuit.	La halle est une zone … il fait très froid.
b	Le Saint Hubert est un café **où** les employés font une pause.	Chez Mathis, il y a un voleur … pique des marchandises.	Le foie gras est un produit **qui** est très cher.
c	Les pavillons sont des endroits … les vendeurs négocient avec les acheteurs.	Mohamed est une personne **qui** achète des marchandises pour les «Restos du Cœur».	Fabrice est un guide … fait visiter ce marché aux touristes.
d	Mathis est un homme **qui** est le patron d'une entreprise.	Adam est un employé … travaille depuis 10 ans avec Mathis.	Il y a quelqu'un **qui** a besoin de beaucoup d'argent?

B

	1	2	3
a	Rungis est un grand marché **qui** se trouve à 7 km de Paris.	Rungis, c'est un endroit … on travaille la nuit.	La halle est une zone **où** il fait très froid.
b	Le Saint Hubert est un café … les employés font une pause.	Chez Mathis, il y a un voleur **qui** pique des marchandises.	Le foie gras est un produit … est très cher.
c	Les pavillons sont des endroits **où** les vendeurs négocient avec les acheteurs.	Mohamed est une personne … achète des marchandises pour les «Restos du Cœur».	Fabrice est un guide **qui** fait visiter ce marché aux touristes.
d	Mathis est un homme … est le patron d'une entreprise.	Adam est un employé **qui** travaille depuis 10 ans avec Mathis.	Il y a quelqu'un … a besoin de beaucoup d'argent?

12 Frage-Antwort-Karten – Au CDI → SB S. 99, Nr. 8

1. *Schneidet die Karten auseinander und setzt euch gegenüber.*
2. *Führt einen Dialog und verwendet die Verben* ***voir*** *und* ***regarder.***
3. ***A*** *beginnt,* ***B*** *antwortet und setzt das Gespräch fort.*
4. *Tauscht am Ende die Karten und wiederholt das Gespräch.*

un(e) élève	un(e) documentaliste
(1) Bonjour Madame / Monsieur, vous avez un livre sur Rungis, s'il vous plaît?	(1) Bien sûr! … sur la deuxième étagère à gauche!
(2) Je ne … pas de livre sur Rungis. Est-ce que vous pouvez m'aider, s'il vous plaît?	(2) J'arrive. Mais …! Voilà, il est juste devant tes yeux.
(3) Désolé(e). Je n'ai pas …	(3) Ce n'est pas grave!

13 Frage-Antwort-Karten – Au téléphone – Tu connais la nouvelle*? → SB S. 99, Nr. 8

1. *Schneidet die Karten auseinander und setzt euch gegenüber.*
2. *Führt einen Dialog und verwendet die Verben* ***entendre*** *und* ***écouter.***
3. ***A*** *beginnt,* ***B*** *antwortet und setzt das Gespräch fort.*
4. *Tauscht am Ende die Karten und wiederholt das Gespräch.*

toi	un copain / une copine
(1) …! Tu connais la nouvelle [*die Neuigkeit]? Enzo sort avec Lola.	(1) C'est vrai? Et Jade? Elle est triste?
(2) Triste? J'ai … qu'elle est super en colère.	(2) Excuse-moi. Je t'… mal.
(3) Elle est super en colère et depuis qu'Enzo sort avec Lola elle reçoit des insultes.	(3) …! C'est grave. Il faut réagir. Tu sais qui c'est?
(4) J'ai … que c'était Jade. Elle est très jalouse.	(4) …! On va lui parler. Elle doit arrêter ces conneries.
(5) C'est une très bonne idée.	(5) Alors, on y va.

14 Mediationskarten – Je résume une situation → SB S. 99, Nr. 9

1. *Schneidet die Kärtchen auseinander und legt sie verdeckt auf den Tisch.*
2. *Partner **A** zieht eine Karte und liest die Aufgabe Partner **B** vor.*
3. ***B** überträgt die Angaben ins Französische und Partner **A** kontrolliert mithilfe der Lösung in Klammern.*
4. *Wird die Aufgabe richtig gelöst, darf der Spieler die Karte behalten und zieht die nächste Karte.*
5. *Gewonnen hat, wer am Schluss die meisten Karten besitzt.*

Wie fragst du, wo die Geschichte passiert? [Où se passe l'histoire?]	**Wie sagst du, dass die Geschichte in Paris passiert?** [L'histoire se passe à Paris.]	**Wie sagst du, dass es die Geschichte von … ist?** [C'est l'histoire de …]	**Wie fragst du, wer die Hauptperson ist?** [Qui est le personnage principal?]
Wie sagst du, dass die Hauptperson … heißt? [Le personnage principal s'appelle …]	**Wie fragst du, welches ihr / sein Problem ist?** [Quel est son problème?]	**Wie sagst du, dass sie / er ein Problem hat?** [Elle / Il a un problème.]	**Wie fragst du, was sie / er macht?** [Qu'est-ce qu'elle / il fait?]
Wie sagst du, dass sie / er mit … spricht? [Elle / Il parle avec …]	**Wie sagst du, dass sie / er … trifft?** [Elle / Il rencontre …]	**Wie fragst du, was passiert ist?** [Qu'est-ce qui s'est passé?]	**Wie fragst du, wann es passiert ist?** [Quand est-ce que ça s'est passé?]
Wie fragst du, wo es passiert ist? [Où est-ce que ça s'est passé?]	**Wie fragst du, ob es eine Lösung gibt?** [Est-ce qu'il y a une solution?]	**Wie fängst du einen Satz an, wenn du sagen möchtest, zuerst …?** [D'abord, …]	**Wie fängst du einen Satz an, wenn du sagen möchtest, dann / danach …?** [Puis, … / Ensuite, …]
Wie fängst du einen Satz an, wenn du sagen möchtest, um 5:30 Uhr …? [A cinq heures et demie, …]	**Wie fängst du einen Satz an, wenn du sagen möchtest, dass plötzlich …?** [Tout à coup, …]	**Wie fängst du einen Satz an, wenn du sagen möchtest, dass 25 Minuten später …?** [Vingt-cinq minutes plus tard, …]	**Wie fängst du einen Satz an, wenn du sagen möchtest, dass zum Schluss …?** [A la fin, …]

15 Jeu – Fragekarten → SB S. 100–101

1. *Für das Spiel braucht ihr einen Würfel, Spielfiguren und diese Spielkarten.*
2. *Schneidet die Fragekarten aus und legt sie verdeckt auf den Tisch.*
3. *Die Spielanleitung und den Spielplan findet ihr auf S. 59.*

1. Comment s'appelle le café à Rungis où les employés font une pause?	2. Au «Saint-Hubert», il y a toujours une personne avec qui on peut …	3. Complète: j'achète, tu …, il / elle …, nous …, vous …, ils / elles …
4. Dans quelle zone est-ce que Mathis négocie avec Gérard?	5. Une personne qui vole quelque chose c'est un …	6. Quel est le problème de Mathis?
7. Quel est le dernier prix pour les foies gras?	8. Fabrice a juste oublié son … 	9. Quelle personne a trouvé un …  ?
10. A quelle heure est-ce que la halle est vide?	11. Fabrice est un guide qui fait visiter Rungis …	12. Depuis un mois, chaque semaine, il manque deux ou trois foies gras dans un carton. C'est qui le voleur?
13. Pourquoi est-ce que Fabrice a volé la marchandise?	14. Fabrice n'a pas d'… 	15. Quel choix est-ce que Fabrice a?

Lösungskarte für den Spielführer:

1. C'est «Le Saint-Hubert».	2. discuter.	3. j'achète, tu achètes, il / elle achète, nous achetons, vous achetez, il/elles achètent	4. Il négocie dans la zone de vente.	5. voleur.
6. Il y a un voleur qui pique dans ses stocks.	7. C'est 3 250 euros.	8. sac.	9. C'est Adam.	10. A neuf heures dix.
11. aux touristes.	12. C'est Fabrice.	13. Parce que Fabrice doit payer ses études.	14. argent.	15. Payer le foie gras ou régler le problème avec la police.

16 Jeu – Spielplan

1. *Spielt zu dritt oder zu viert und bestimmt einen Spielleiter.*
2. *Legt die ausgeschnittenen Fragekarten auf einen Stapel.*
3. *Alle Spieler setzen ihren Spielstein auf „Départ".*
4. *Der Spielleiter stellt **A** eine Aufgabe. Wird sie richtig beantwortet, darf **A** würfeln und entsprechend der Augenzahl ziehen. Dann kommt **B** an die Reihe usw.*
5. *Wer zuerst in Paris ankommt, gewinnt.*

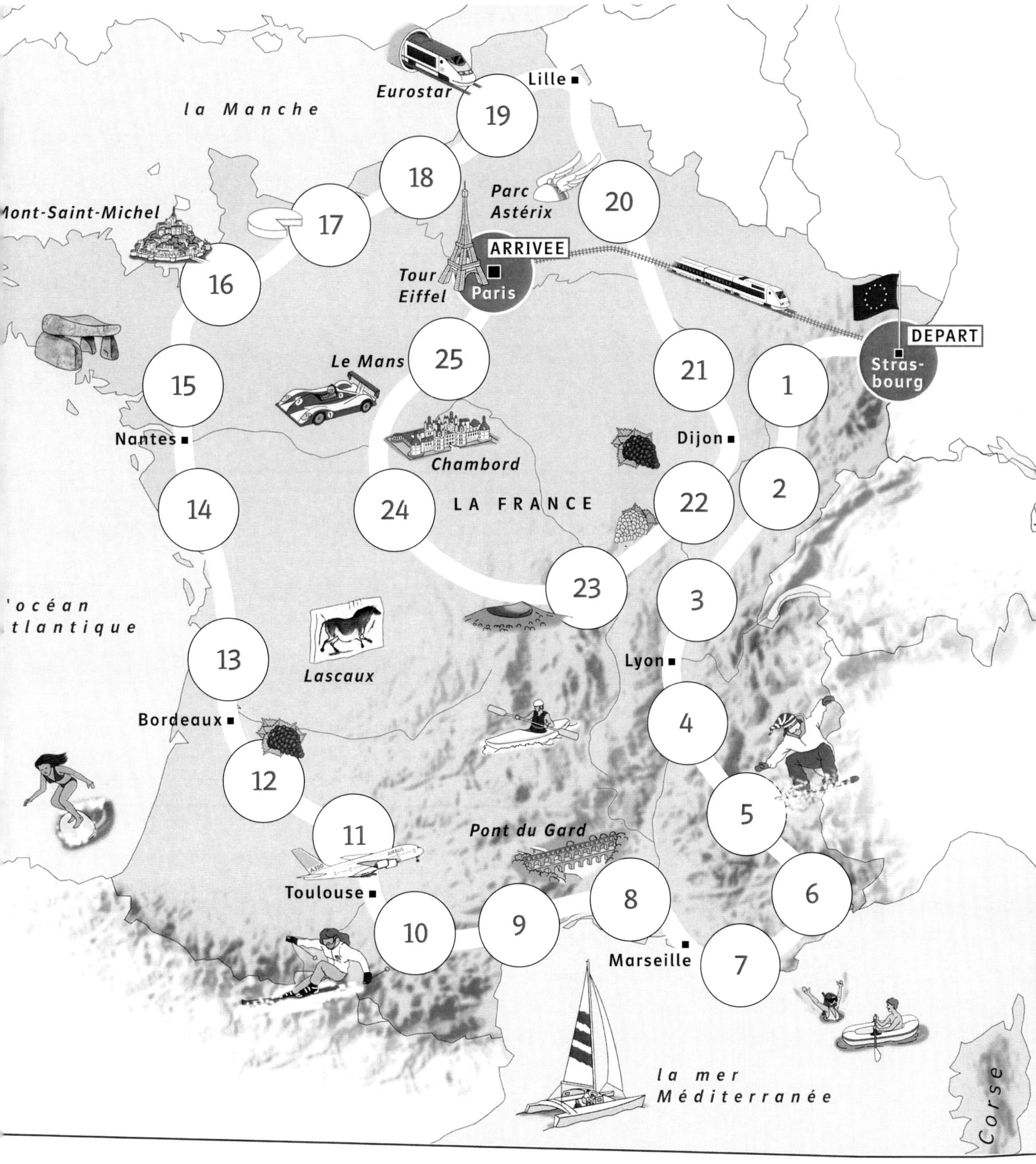

Mon Agenda Name: Klasse:

Lektion	Übungstitel	Wann bearbeitet?	Wie gut hat die Übung geklappt?		

Au-delà des frontières

2 Frage-Antwort-Karten – Au-delà des frontières
(1) Je suis allé(e) en Suisse dans les Alpes.
(2) J'ai fait du VTT / du vélo.
(3) Moi, je suis allé(e) à Bruxelles en Belgique avec mes parents.
(4) Nous sommes allé(e)s à un concert de Stromae.

3 Dialogkarten – C'est en Suisse ou en Belgique?
Lösungsvorschläge:
A: Qu'est-ce que c'est? – C'est le lac Léman.
C'est où? – C'est à Genève.
C'est en Suisse ou en Belgique? – C'est en Suisse.
B: Qu'est-ce que c'est? – C'est le Cervin (Matterhorn).
C'est où? – C'est dans les Alpes.
C'est en Suisse ou en Belgique? – C'est en Suisse.
C: Qu'est-ce que c'est? – C'est le parcours de la BD.
C'est où? – C'est à Bruxelles.
C'est en Suisse ou en Belgique? – C'est en Belgique.
D: Qu'est-ce que c'est? – C'est le musée du chocolat.
C'est où? – C'est à Broc.
C'est en Suisse ou en Belgique? – C'est en Suisse.
E: C'est qui? – C'est Stromae.
Il est suisse ou belge? – Il est belge.
F: C'est qui? – C'est Marc Aymon.
Il est suisse ou belge? – Il est suisse.
G: Qu'est-ce que c'est? – C'est une maison / un bâtiment / l'hôtel de ville de Liège.
C'est où? – C'est à Liège.
C'est en Suisse ou en Belgique? – C'est en Suisse.
H: C'est qui? – C'est Alex.
Il est suisse ou belge? – Il est belge.

Leçon 1

2 Frage-Antwort-Karten – Tu peux m'aider?
(1) Je ne comprends pas les exercices de maths. Tu peux m'aider? – Oui. On peut faire les exercices ensemble. Et moi, je n'ai pas compris le texte en allemand. Tu peux m'aider?
(2) Si tu veux, on peut lire le texte ensemble. – Oui, d'accord. Tu joues au ping-pong avec moi après?

4 Puzzle – Tu peux me faire confiance
Mardi, à la sortie du collège, Julie et Noémie retrouvent Maxime et Alex.
Julie propose d'aller au cinéma le soir, mais Alex ne veut pas.
Mercredi après-midi, Julie attend Alex après son cours de danse.
Alex raconte qu'il reçoit des SMS anonymes depuis la rentrée, mais il ne veut pas en parler.
Jeudi matin, Alex reçoit encore un message anonyme. L'après-midi, il retrouve ses amis et leur raconte l'histoire des SMS anonymes.
Les amis proposent à Alex de parler à un prof ou aux parents, mais il ne veut pas.
Lundi matin, les garçons de la classe sont devant le gymnase.
Enzo et Lucas disent des insultes sur Alex et lui envoient un petit texto.
Maintenant, Maxime commence à comprendre.
Lösungswort 1: CONFIANCE; *Lösungswort 2:* SEUL

6 Images – C'est quelle photo?
Lösungsvorschläge:
A: Sur la photo, il y a Maxime, Enzo et Lucas. Enzo et Lucas sont agressifs. Ils n'aiment pas Alex. Ils disent qu'il est un frimeur. Maxime pose des questions à Enzo et Lucas.
B: Sur la photo, il y a Alex et Maxime. Alex montre son portable à Maxime. Sur le portable, il y a une photo d'Alex avec un tutu.
C: Sur la photo, il y a Julie et Alex. Ils sont devant le collège et parlent des problèmes.
D: Sur la photo, il y a Julie, Noémie, Maxime et Alex. Ils sont devant le collège. Ils discutent.
E: Sur la photo, il y a Alex, Maxime, Julie et Noémie dans un parc. Alex raconte l'histoire des messages anonymes.

8 Frage-Antwort-Karten – Ça ne fait rien
(1) Tu joues au tennis avec moi? – Non, j'ai arrêté. Je ne joue plus.
(2) Ça ne fait rien. On peut jouer au foot ce week-end? – Non, je ne peux pas jouer. Je n'ai pas le temps.
(3) Alors, tu n'as pas envie d'aller au ciné(ma) avec moi samedi? – Mais si, le ciné, je veux bien.

9 Frage-Antwort-Karten – Je n'ai rien remarqué
(1) Qu'est-ce qui ne va pas? – J'ai un problème. Je veux passer mes vacances avec mes copains. Je ne veux plus aller en vacances avec mes parents.
(2) Et tes parents? Ils sont d'accord? – Je ne sais pas. Je n'ai pas encore parlé avec mes parents.
(3) Est-ce que tes parents ont remarqué quelque chose? – Non, ils n'ont rien remarqué.
(4) Et qu'est-ce tu vas faire maintenant? – Je ne sais pas.

11 Puzzle – Tu ne dis rien?
Lösungsvorschläge:
1. Nous ne disons rien à nos copains.
2. Lucas et Enzo disent des conneries sur Alex. / des insultes à une copine.
3. Qu'est-ce que vous avez dit?
4. Carla dit des insultes à une copine. / des conneries sur Alex. / à nos copains.
5. Pourquoi est-ce que tu dis ça?

12 Partnerbogen – Je lui achète un cadeau
A:
1a: Je lui achète un DVD.
1c: Je lui achète un ballon.
2b: Je lui achète un stylo.
2d: Je lui achète un casque.
3a: Je lui achète un livre.
3c: Je lui achète une raquette de ping-pong.
B:
1b: Je lui achète un magazine.
1d: Je lui achète un cadeau.
2a: Je lui achète une casquette.
2c: Je lui achète un gâteau.
3b: Je lui achète un T-shirt.
3d: Je lui achète du chocolat.

Leçon 2

2 Frage-Antwort-Karten – La montagne, c'est génial!
(1) Saint-Lary est un village dans les Pyrénées.
(2) En été, à Saint-Lary, on peut faire de l'escalade, du rafting et des randonnées en VTT.
(3) En hiver, à Saint-Lary, on peut faire du ski, du snowboard et des tours en scooter des neiges.

3 Frage-Antwort-Karten – Un séjour dans les Pyrénées
(1) J'aimerais aller à Cauterets.
(2) J'aimerais faire du VTT / du vélo. Je voudrais aussi faire du parapente.
(3) J'aimerais faire du snowboard et du ski.

5 Images – C'est quelle photo?
Lösungsvorschläge:
A: Sur la photo, il y a quatre personnes. A gauche, on voit Julien. A droite, il y une fille. Au milieu, c'est une autre fille et Antoine. Les deux filles sont sur des motos. Dans le fond, on peut voir un circuit de motocross. Les jeunes discutent ensemble.
B: Sur la photo, il y a trois personnes. A gauche, il y a Simon. C'est le moniteur. Au milieu, on voit Antoine. Et à droite, on peut voir Julien. Simon leur explique comment on accélère et on freine.
C: Sur la photo, il y a un circuit de motocross. Au milieu, on voit un garçon sur une moto. Au fond, on peut voir une bosse énorme. Le garçon roule sur la piste. Il accélère et monte sur la bosse.
D: Sur la photo on voit Antoine. Il est sur le sol. Sa moto aussi. Il a fait une chute. Maintenant, il a mal.

E: Sur la photo, il y a deux garçons. A gauche, on voit le moniteur Simon et à droite, on peut voir Antoine. Simon téléphone et Antoine met son bras sur l'épaule de Simon.
F: Sur la photo, il y a une personne. C'est Antoine. Il est à l'hôpital (dans un fauteuil roulant [ein Rollstuhl]).
G: Sur la photo, il y a deux personnes. A gauche, on voit un médecin. A droite, on peut voir Antoine. Antoine est à l'hôpital. Le médecin lui montre une radio. Ils la regardent ensemble.
H: Sur la photo, on peut voir deux personnes. A gauche, c'est Julien. Il a un poster dans ses mains. Au milieu, c'est Antoine. Il est dans un lit.

6 Puzzle – Stage de motocross

Antoine et Julien sont à Tarbes dans les Pyrénées pour faire un stage de motocross.
Le premier jour, ils apprennent à démarrer et à freiner.
Enfin, ils roulent sur la piste.
Tout se passe bien. Mais à la fin du parcours, Antoine tombe bêtement.
Le moniteur appelle le 112.
Antoine doit aller à l'hôpital et passer une radio.
Antoine a le pied cassé. Le médecin lui met un plâtre.
Julien et Simon vont à l'hôpital pour voir Antoine. Ils lui donnent ses affaires et un poster.
Lösungswort: AVENTURE

7 Dialogkarten – Qu'est-ce qu'il raconte?

Lösungsvorschläge:
A: Antoine dit qu'il a fait une chute en moto.
B: Antoine explique qu'il ne peut pas marcher.
C: L'infirmière explique qu'Antoine doit passer une radio.
D: Le médecin dit qu'il a le pied cassé.
E: Antoine raconte qu'il est à l'hôpital.
F: Julien raconte que tout le monde a signé sur le poster.

9 Puzzle – Les codes de la route

1. On doit / Les voitures doivent / Je dois / Tu dois / Nous devons / Vous devez rouler à 30 km/h.
2. On doit / Les voitures doivent / Je dois / Tu dois / Nous devons / Vous devez tourner à droite.
3. On doit / Les voitures doivent / Je dois / Tu dois / Nous devons / Vous devez rouler à 50 km/h.
4. On doit / Les voitures doivent / Je dois / Tu dois / Nous devons / Vous devez freiner tout de suite.
5. On doit / Je dois / Tu dois / Nous devons / Vous devez stopper la voiture.
6. On doit / Les voitures doivent / Je dois / Tu dois / Nous devons / Vous devez aller à gauche.

12 Dialogkarten – Antoine au circuit

Lösungsmöglichkeiten:
Antoine arrive au circuit.
D'abord, il met le casque.
Après, il essaye de démarrer la moto. Mais ce n'est pas facile.
Il roule vite sur la piste.
Ensuite, près de l'arrivée, il accélère et il saute sur une bosse énorme. Ouf!
Tout se passe bien.
Puis, il prend un virage droit, ne tombe pas mais son pied gauche touche le sol. Le circuit continue.
Tout à coup, il perd bêtement l'équilibre.
Alors, il fait une chute.
Rien de grave. Il peut marcher.
Enfin, il pousse sa moto pour la mettre dans le garage. Trop la classe, le circuit!

Leçon 3

1 Partnerbogen – Un échange, c'est génial!

Lösungsvorschläge:
B: Lundi matin, qu'est-ce qu'on va faire?
A: Lundi matin, on va faire une excursion dans la région.
A: Lundi midi, qu'est-ce qu'on va faire?
B: Lundi midi, on va manger à la cantine.
B: Lundi après-midi, qu'est-ce qu'on va faire?
A: Lundi après-midi, on va faire un tournoi de ping-pong.
A: Lundi soir, qu'est-ce qu'on va faire?
B: Lundi soir, on va faire une visite de la ville.
A: Mardi matin, qu'est-ce qu'on va faire?
B: Mardi matin, on va faire un jeu de piste en groupe.
B: Mardi midi, qu'est-ce qu'on va faire?
A: Mardi midi, on va faire un pique-nique.
A: Mardi après-midi, qu'est-ce qu'on va faire?
B: Mardi après-midi, on va aller à un entraînement de rugby.
B: Mardi soir, qu'est-ce qu'on va faire?
A: Mardi soir, on va faire un match de rugby.
B: Mercredi matin, qu'est-ce qu'on va faire?
A: Mercredi matin, on va aller à un cours de français.
A: Mercredi midi, qu'est-ce qu'on va faire?
B: Mercredi midi, on va rester en famille.
B: Mercredi après-midi, qu'est-ce qu'on va faire?
A: Mercredi après-midi, on va rester dans la famille d'accueil.
A: Mercredi soir, qu'est-ce qu'on va faire?
B: Mercredi soir, on va aller au cinéma.
A: Jeudi matin, qu'est-ce qu'on va faire?
B: Jeudi matin, on va faire un match de basket.
B: Jeudi midi, qu'est-ce qu'on va faire?
A: Jeudi midi, on va manger au restaurant.
A: Jeudi après-midi, qu'est-ce qu'on va faire?
B: Jeudi après-midi, on va aller à la piscine.
B: Jeudi soir, qu'est-ce qu'on va faire?
A: Jeudi soir, on va faire une soirée d'adieu.

2 Frage-Antwort-Karten – Un sejour en France, c'est super!

(1) J'aimerais voir un monument et une église.
(2) J'aimerais visiter un château et un musée.
(3) Comme sport, j'aimerais faire de l'accrobranche et du canoë.

3 Frage-Antwort-Karten – Les dernières vacances!

(1) Où est-ce que tu es allé(e) le week-end dernier? – Le week-end dernier, je suis allé(e) en Suisse.
(2) Où est-ce que tu as dormi? – J'ai dormi dans un château.
(3) Samedi matin, qu'est-ce que tu as fait? – Le matin, j'ai fait de l'escalade.
(4) Et à midi, où est-ce que tu as mangé? – A midi, j'ai mangé dans un restaurant.
(5) L'après-midi, qu'est-ce que tu as fait? – L'après-midi, j'ai fait du shopping.
(6) Et qu'est-ce que tu as acheté? – J'ai acheté un bracelet pour ma mère.
(7) Le soir, qu'est-ce que tu as fait? – Le soir, j'ai regardé un film au cinéma.
(8) Comment est-ce que tu es rentré(e)? – Je suis rentré(e) en bus.

8 Images – C'est quelle photo?

Lösungsvorschläge:
A: Sur la photo, on peut voir la gare de Cologne. On voit aussi un garçon dans un train. C'est Marco. Il est arrivé à la gare de Cologne.
B: Sur la photo, il y a deux personnes dans une tour d'une cathédrale. A gauche, il y a Marco. A droite, on voit Antoni. Ils sont montés dans la tour d'une cathédrale.
C: Sur la photo, il y a beaucoup de personnes. Au fond, on voit un concert. A gauche, on peut voir Antoni avec une fille. Et à droite, on peut voir Marco avec une fille. Le soir, ils sont allés à un concert avec deux filles.
D: Sur la photo, il y a un bus. A gauche, on voit les deux filles. A droite, on peut voir les deux garçons. Après le concert, les filles sont rentrées en bus et les garçons sont rentrés à pied.
E: Sur la photo, il y a une entrée et deux garçons. Au fond, on voit une porte. Au milieu, on peut voir Antoni. Devant, on peut aussi voir Marco avec un sac. Ils sont partis pour faire une balade en bateau.

F: Sur la photo, il y a un bateau sur l'eau. Au fond, on voit deux garçons. Ce sont Marco et Antoni. On peut aussi voir une petite bouteille. Tout à coup, la bouteille est tombée dans l'eau.
G: Sur la photo, il y a deux personnes dans un salon. A gauche, c'est Antoni. A droite, c'est Marco. Devant, il y a une petite table. Sur la table, on voit des chips et du popcorn. Le soir, ils sont restés à la maison.
H: Sur la photo, il y a un train. A gauche, on voit une fille avec un sac. Au milieu, on peut voir deux hommes. Et à droite, on peut voir Marco. Les personnes sont entrées dans le train et Marco est rentré en France.

9 Frage-Antwort-Karten – Les activités avec les corres

(1) Salut! Où est-ce que vous êtes allés samedi dernier? – Salut! Samedi dernier, je suis allé(e) à l'entraînement de foot avec mon corres. Et toi et ton corres?
(2) Samedi matin, nous sommes d'abord allés en ville pour faire du shopping. – Ah, on est aussi allés en ville à midi pour manger une pizza.
(3) Samedi soir, nous sommes même restés en ville pour aller à une soirée d'adieu. Et vous? – Samedi soir, nous ne sommes pas sortis. On est restés à la maison. Plus tard, un copain est venu chez moi pour jouer à des jeux vidéo. – Quand est-ce que vous êtes rentrés à la maison?
(4) Très tard. Nous sommes rentrés vers minuit.

10 Frage-Antwort-Karten – Vous sortez aujourd'hui?

(1) Salut, les potes. Est-ce que vous sortez ce soir? – Salut! On ne sait pas encore.
(2) Vous avez envie de sortir avec nous? – Oui, on veut bien. Mais où est-ce qu'on peut aller? Vous avez une idée?
(3) Oui. On peut aller en ville au skatepark. – C'est une super idée. A quelle heure est-ce que vous partez?
(4) Très tôt, le train part à 8 heures. Alors vous venez? – Oui. On arrive. On part dans 5 minutes.
(5) Super! Rendez-vous devant la gare. Salut!

13 Partnerbogen – Un corres français – une corres française?

Lösungsvorschläge:
Pierre:
La famille de Pierre vient de Strasbourg.
Il n'a pas de frères et sœurs.
Il adore les BD.
Et il aime jouer de la guitare.
Le week-end, il va au cinéma.
Margaux:
La famille de Margaux vient de Grenoble.
Elle a deux frères et une sœur.
Elle adore le tennis.
Et elle aime faire de l'escalade.
Le week-end, elle a des tournois de tennis.
Kemal:
La famille de Kemal vient de Perpignan.
Il a un frère et une sœur.
Il adore la natation.
Et il aime le handball.
Le week-end, il fait de la natation.
Zoha:
La famille de Zoha vient de Lille.
Elle a deux sœurs.
Elle adore la danse.
Et elle aime chanter.
Le week-end, elle sort avec les / ses copines.

Leçon 4

1 Dialogkarten – Quel est son métier?

Lösungsvorschläge:
A: Quel est son métier? – Elle est guide.
Où est-ce qu'elle travaille? – Elle travaille par exemple dans une ville.
B: Quel est son métier? – Il est serveur.
Où est-ce qu'il travaille? – Il travaille dans un restaurant / café.
C: Quel est son métier? – Il est technicien lumière.
Où est-ce qu'il travaille? – Il travaille par exemple au théâtre.
D: Quel est son métier? – Elle est agent d'accueil.
Où est-ce qu'elle travaille? – Elle travaille à l'office de tourisme / dans un hôtel.
E: Quel est son métier? – Elle est infirmière.
Où est-ce qu'elle travaille? – Elle travaille à l'hôpital.
F: Quel est son métier? – Il est médecin.
Où est-ce qu'il travaille? – Il travaille à l'hôpital.
G: Quel est son métier? – Elle est animatrice.
Où est-ce qu'elle travaille? – Elle travaille dans une colo.
H: Quel est son métier? – Elle est prof.
Où est-ce qu'elle travaille? – Elle travaille au collège. / à l'école.

3 Frage-Antwort-Karten – A table

Lösungsvorschläge:
(1) Qu'est-ce que tu préfères? Du jambon (cru) ou du melon? – Du jambon (cru), s'il te plaît.
(2) Et après, tu veux le steak avec des pommes de terre (au four)? – Oui, volontiers.
(3) Et en dessert, tu veux des boules de glace. – Oh, oui, super.

4 Frage-Antwort-Karten – Au restaurant

Lösungsvorschläge:
(1) Qu'est-ce que vous choisissez comme entrée? – En entrée, je prends du melon.
(2) Et comme plat principal? – Je prends le / du poisson avec la ratatouille.
(3) Et en dessert? – Je prends des boules de glace.
(4) Alors, du melon en entrée, le / du poisson avec la ratatouille comme plat principal et des boules de glace en dessert. – Très bien.

5 Puzzle – Julie remplace le serveur

Mme Moretti n'a personne pour remplacer son serveur. Julie propose son aide.
A midi, Julie accueille le premier client et lui apporte la carte.
D'autres clients arrivent, mais il n'y a plus de place. Julie ajoute un couvert à une table pour quatre personnes.
Ensuite, Julie va à la cuisine et passe une commande au cuisinier.
Après ça, Julie note la commande d'un couple. Ils prennent deux menus à 18 euros.
A la table 11, la cliente commence à s'énerver. Elle a commandé cinq plats du jour. Ils ne sont pas encore là.
Dans la salle, Mme Moretti s'occupe des prochains clients. Un homme a réservé une table pour quatre personnes. Mme Moretti regarde dans le carnet de réservation.
A une autre table, la dame n'est pas contente avec son plat. Elle a commandé le poisson avec des pommes de terre et pas avec de la ratatouille.
Le restaurant est vide, Julie a débarrassé la dernière table, elle est crevée.
Mme Moretti lui dit merci et lui donne son pourboire.
Lösungswort 1: REMPLACER, *Lösungswort 2:* LE POURBOIRE

7 Frage-Antwort-Karten – Tu connais ce monument?

(1) Tu connais ce musée? – Oui, c'est le Louvre. Et toi, tu connais cette tour?
(2) Oui, c'est la tour Eiffel. Tu connais aussi ce monument? – Oui, c'est l'Arc de triomphe. Tu connais ces églises?
(3) Oui, c'est le Sacré-Cœur et Notre-Dame.

10 Partnerbogen – J'ai choisi
Lösungsvorschläge:
A:
1a: une boisson / un apéritif
1c: le / un poulet avec des frites
2b: le poisson
2d: un café
3a: le / du melon avec du jambon (cru)
3c: les / des boules de glace
B:
1b: le / du melon avec du jambon (cru)
1d: les / des boules de glace
2a: une boisson / un apéritif
2c: le / un poulet avec des frites
3b: la ratatouille
3d: un café

11 Frage-Antwort-Karten – Une offre d'emploi
1. Bonjour. J'ai lu votre annonce sur Internet. – Oui, nous cherchons un serveur pour deux mois. Vous avez de l'expérience?
2. Oui, j'ai déjà travaillé dans un café. – Bon. Vous pouvez passer ce soir pour parler des détails?
3. Pas de problème. Je suis flexible. – A vingt heures. Ça vous va?
4. Oui. Une dernière question. Quelle est la rémunération? – Je vous propose onze euros de l'heure.

12 Puzzle – J'ai lu une annonce
Lösungsvorschläge:
J'ai lu une offre d'emploi sur Internet.
Mme Moretti a écrit cette offre.
J'écris un e-mail à Mme Moretti.
Mme Moretti lit mon e-mail.

Leçon 5

4 Frage-Antwort-Karten – Une visite à Rungis
1. Tu as passé toute la nuit à Rungis? – Oui, toute la nuit et tout le matin.
2. Tu as vu tout le marché? – Non, c'est trop grand. Mais j'ai vu tous les camions avec la marchandise qui vient de toute la France.
3. Quand est-ce que le travail commence à Rungis? – Il commence toutes les nuits à minuit.

5 Puzzle – La journée de travail de Mathis
A minuit, au marché de Rungis, la journée de travail commence pour Mathis. Il est le patron d'une entreprise de volailles.
A minuit et demi, Mathis va dans la halle. Là, il fait froid. Il fait entre deux et quatre degrés.
A une heure du matin, Mathis retrouve Adam. Ils travaillent ensemble depuis dix ans.
Adam a vérifié tous les cartons. Tout est ok. Il ne manque rien.
A trois heures cinq, Mathis retourne sur la zone de vente et commence à discuter le prix de ses produits avec les acheteurs.
A quatre heures moins dix, Mathis voit Fabrice avec un groupe de touristes.
A quatre heures, Mathis discute avec Mohamed, un acheteur pour les «Restos du Cœur». Il lui parle de son problème.
A cinq heures et demie, Fabrice arrive au pavillon de la volaille avec son groupe de touristes. Mathis leur propose une dégustation.
Les touristes posent beaucoup de questions. Ils aiment la dégustation.
Lösungswort: DECHARGER

8 Tandembogen – Qui est le voleur / la voleuse?
Meiner Meinung nach … – A mon avis
Unserer Meinung nach … – A notre avis
Wir sind einverstanden. – Nous sommes d'accord.

9 Frage-Antwort-Karten – C'est quelle dégustation?
(1) Et voilà, je vous propose une dégustation. Goûtez, s'il vous plaît! – C'est quel produit?
(2) C'est du foie gras. – Quel est le prix pour 200 grammes de foie gras?
(3) Ça fait environ 200 euros. – Waouh! 200 euros pour 200 grammes. C'est énorme. Les canards viennent de quelles régions?
(4) Ils viennent du sud-ouest de la France. – Dans quels / quel pays est-ce qu'on mange le foie gras?
(5) Par exemple, à Noël, on mange du foie gras dans toute la France.

10 Frage-Antwort-Karten – Tu n'as jamais …?
(1) Tu veux aller avec nous dans les Pyrénées? – Oui. Je veux bien. Mais je ne suis jamais allé(e) dans les Pyrénées.
(2) Dans les Pyrénées, on peut faire du motocross. On peut faire un stage si tu veux. – Oui. Super. Mais je n'ai jamais fait de motocross.
(3) Tu n'as jamais fait de motocross? Tu vas adorer. Et à Montgaillard, on peut dormir dans un hôtel pas cher. – Un hôtel? Je n'ai jamais dormi à l'hôtel.
(4) Dans les Pyrénées, quand il y a assez de vent, on peut même faire du parapente. – Très bonne idée. Je n'ai jamais fait de parapente.

12 Frage-Antwort-Karten – Au CDI
(1) Bonjour Madame / Monsieur, vous avez un livre sur Rungis, s'il vous plaît? – Bien sûr, regarde sur la deuxième étagère à gauche.
(2) Je ne vois pas de livre sur Rungis. Est-ce que vous pouvez m'aider, s'il vous plaît? – J'arrive. Mais regarde! Voilà, il est juste devant tes yeux.
(3) Désolé(e). Je n'ai pas vu. – Ce n'est pas grave!

13 Frage-Antwort-Karten – Au téléphone – Tu connais la nouvelle?
(1) Ecoute! Tu connais la nouvelle? Enzo sort avec Lola. – C'est vrai? Et Jade? Elle est triste?
(2) Triste? J'ai entendu qu'elle est super en colère. – Excuse-moi. Je t'endends mal.
(3) Elle est super en colère et depuis qu'Enzo sort avec Lola, Lola, reçoit des insultes. – Ecoute! C'est grave. Il faut réagir. Tu sais qui c'est?
(4) J'ai entendu que c'était Jade. Elle est très jalouse. – Ecoute! On va lui parler. Elle doit arrêter ces conneries.
(5) C'est une très bonne idée. – Alors, on y va.